Sommaire / Summary

SOIE/RAYONNE 43€ 00 METRE 9€ 0 COUPE
23€ 00 METRE 8€ 00 COUPE

Introduction

Sensibilisés par la disparition ou par les transformations qui dénaturaient les belles boutiques qui font l'âme de Paris, nous avons pensé qu'il était temps de rassembler une cinquantaine d'entre elles, parmi les plus anciennes.
Paris est en effet une des rares capitales européennes où l'on trouve autant de magasins ayant conservé leur tradition familiale et leur décor d'origine à travers les siècles. C'est un véritable patrimoine vivant, l'âme de la capitale.
Amateurs éclairés, collectionneurs ou simplement promeneurs curieux, vous serez étonnés par ces commerces parcourus à travers ces pages. Tous perpétuent un savoir-faire transmis de génération en génération et sont tenus par des commerçants passionnés et compétents qui ont accepté de partager leur histoire et de révéler quelques secrets. Ils seront heureux de vous offrir leurs meilleurs conseils et services.
Nous vous invitons à suivre nos pas. Ne tardez pas !

Sensitive to the disappearance or changes denaturing the beautiful boutiques which are the soul of Paris, we thought it was time to gather fifty of them together, including the oldest ones. Paris is in fact one of the rare European capitals where we can find so many shops which have retained their family tradition and their original decoration across the centuries. It is a real living patrimony, the heart and soul of the capital.
Well informed enthusiasts, collectors or simply curious strollers, you will be surprised by the commerces you will visit in these pages. All perpetuate a "savoir-faire" passed from generation the generation and are run by passionate and competent shopkeepers who have accepted to share their story and reveal some of their secrets. They are happy to offer you their advice and service. We invite you to follow us in this discovery. Don't wait too long!

Antoine

Magasin de parapluies, d'ombrelles et de cannes fondé en 1745

Umbrella, parasol and walking sticks, founded in 1745

1er

10, avenue de l'Opéra
01 42 96 01 80
www.antoine2.info
Métro : Palais-Royal ou Pyramides

La boutique Antoine peut se vanter d'être la plus ancienne échoppe de parapluies de la capitale et propose un choix de cannes fonctionnelles ou précieuses, de parapluies et d'ombrelles, et de bien d'autres élégants souvenirs de Paris.

Antoine can boast to being the oldest umbrella shop in the capital and proposes a choice of functional or precious walking sticks, umbrellas, parasols and elegant souvenirs of Paris.

La saga Antoine

Sur le Pont-Neuf, le plus ancien de Paris (1606), où bateleurs et camelots attiraient les badauds, M. et Mme Antoine ouvrent en 1745 une échoppe de location de parapluies. En 1760, ils s'installent sous les arcades du Palais-Royal. En 1885, dans le nouveau Paris du baron Haussmann, ils déménagent 10, avenue de l'Opéra. En 1965, la saga Antoine s'interrompt pour passer la main à une nouvelle famille, les Lecarpentier, fabricants de parapluies à Orléans.

Au rythme de la météo

La boutique a conservé son décor datant de 1885. Lumineuse et colorée, elle est envahie de parapluies et d'ombrelles. Ici, l'atmosphère est météorologique. S'il pleut, la boutique se remplit vite de clients pressés qui ont un urgent besoin de parapluie. Par grand soleil, des clientes s'affairent en quête de la parfaite ombrelle qui protégera leur teint pâle. Le reste du temps, des connaisseurs s'attardent.

The Antoine saga

On the Pont-Neuf, where tumblers and street peddlers attracted the customers, Mr. and Mrs. Antoine opened a stall renting umbrellas in 1745. In 1760 they set up stall under the arcades of Palais-Royal. In 1885, in the "new Paris" of Baron Haussmann, they moved to number 10, avenue de l'Opéra. In 1965 the saga Antoine ceased and the business was taken over by a new family called Lecarpentier, umbrella makers from Orleans.

In the rhythm of the weather forecast

The boutique has retained its decor dating from 1885. Luminous and brightly coloured, it is filled with umbrellas and parasols. Here, the atmosphere is meteorological. If it rains the boutique is quickly filled with rushing customers, all in urgent need of an umbrella. On sunny days the customers bustle about looking for the perfect parasol to protect their porcelain complexion. The rest of the time umbrella enthusiasts love to linger.

En 1885, l'échoppe s'installe sur l'avenue de l'Opéra
In 1885, the shop opened on avenue de l'Opéra
Cannes et ombrelles Antoine portent la marque de la maison
Antoine canes and umbrellas Antoine bear the house name

ARTICLES ET SPÉCIALITÉS / GOODS AND SPECIALITIES

Parapluies longs ou pliants, classiques, chic, sportifs, fantaisistes ; mini-pliables de toutes les couleurs ; petits modèles pour enfants.

Cannes modernes et anciennes, classiques, régionales et traditionnelles.

Ombrelles en coton, avec de la dentelle de Calais, en lin imperméabilisé.

Gants et éventails à la mode, foulards, chapeaux de soleil ou de pluie.

Umbrellas long or folding umbrellas, classic, stylish, sporty or fanciful, mini-folding models of all colours, small models for children.

Canes Modern and ancient walking sticks, classical, regional and traditional.

Parasols in cotton, with lace trim from Calais, or in waterproof linen.

Gloves and fans, headscarves and rain or sun hats.

Mode et tradition

Dominique Lecarpentier et sa fille, Sophie, perpétuent la tradition de la maison. On peut leur faire confiance pour choisir une ombrelle à la mode, le parapluie qui convient à son style ou la canne de collection dont on rêve. Certaines recèlent des systèmes secrets très ingénieux. L'une se transforme en longue-vue marine, l'autre cache une fiole et une boussole.

Fashion and tradition

Dominique Lecarpentier and her daughter Sophie perpetuate the tradition of the house. You can trust them to help you choose a fashionable parasol, the umbrella which reflects your personal style or the "collection" walking stick of your dreams. Certain hide ingenious secret systems. One transforms into a naval telescope, another conceals a flask and a compass.

À l'Oriental

Articles de fumeurs, pipes, antiquités, maison fondée en 1818

Articles for smokers, pipes, antiques, house founded in 1818

19-20-22, galerie de Chartres
01 42 96 43 16
www.aloriental.canalblog.com
Métro : Palais-Royal

1er

À l'Oriental plonge le curieux dans une douce lumière d'ambre et dans un sympathique fouillis où il déniche, au petit bonheur la chance, la boîte à cigares ou la pipe sculptée dont il rêvait.

At the "Oriental" the curious browser is plunged into a gentle amber light in an interesting jumble where he can discover, if luck is on his side, the cigar box or sculpted pipe he only dreamed of.

ARTICLES ET SPÉCIALITÉS / ARTICLES AND SPECIALITIES

Pipes de marque « À l'Oriental » fabriquées à Saint-Claude (Jura).

Pipes artisanales, de marques, de collection : Ashton, Castello, Becker et Musico, Viprati, Aldo Velani, Georges Jensen, Charles Cassetari (artisan corse). Pipes en écume de mer. Pipes à effigie. Pipes à eau.

Accessoires : fume-cigarettes, blagues à tabac, boîtes à cigares, bibelots. Services de réparation.

Pipes of the brand "À l'Oriental" made in the Jura.

Traditional pipes, brand names, collection pipes, Ashton, Castello, Becker and Musico, Viprati, Aldo Velani, Georges Jensen, Charles Cassetari (a Corsican craftsman). Pipes in seafoam. Pipes with effigies. Water pipes.

Accessories, cigarette holders, tobacco pouches, cigar boxes, smoking novelties. Reparation services.

Une tradition bicentenaire

Dans une échoppe de ces galeries, Charlotte Corday acheta le couteau de table qui lui servit à assassiner Marat. Ce lieu de promenade, autrefois mal famé, est devenu élégant et touristique. Rakel Van Kote y tient la boutique « À L'Oriental » depuis l'an 2000. Son époux était client de cette vieille maison où plusieurs artisans pipiers s'étaient succédé en deux siècles. Artiste, elle a mis sa touche de fantaisie dans le magasin où l'on peut tout juste pénétrer tant il est envahi d'objets.

Souvenirs d'artistes

On remarque l'appareil à graver de maître-pipier, les pipes de Georges Brassens, des boîtes à cigares anciennes (Napoléon III) et une collection de tabatières rigolotes. Le magasin attire des habitués du quartier, des collectionneurs, des conseillers d'État, des ministres ou autres grands fonctionnaires, et aussi pas mal de professionnels du spectacle en quête de l'objet introuvable. Sur les photos affichées pêle-mêle derrière le comptoir, un beau palmarès de vedettes.

La marque de la maison

Outre des accessoires kitsch, blagues à tabac, « chichas » (pipes à eau), la maison présente une belle collection de pipes (classiques d'ambre, en écume de mer, sculptées à la main). Sa spécialité : des modèles fabriqués sous la marque de la maison. Rakel Van Kote assure également les travaux d'entretien et de réparation. Elle vous apprend comment culotter une pipe en écume de mer : avec des gants blancs, la tremper dans du blanc de baleine.

A two hundred year old tradition

In a boutique in this gallery Charlotte Corday bought the table knife with which she assassinated Marat. This strolling area, once of ill repute, has become elegant and touristic. Rakel Van Kote has been running this boutique "À L'Oriental" since the year 2000. Her husband was a customer of this old house where several artisan pipe makers have succeeded each other in two centuries. Artist, she has added a touch of fantasy in the shop you can only just get into as there are so many articles.

Souvenirs of artists

You will notice the engraving machine of the master-pipemaker, the pipes of Georges Brassens, ancient cigar boxes (Napoleon III) and an amusing collection of tobacco pouches. The shop attracts the regulars of the neighbourhood, collectors, State councillors, Ministers and other important government officials and also people from the show business world, all searching for rare objects. On the board behind the counter is an important collection of photos of stars.

The "house collection"

Other than kitsch accessories, tobacco pouches, "chichas" (water pipes), the boutique presents a handsome collection of pipes (classic in amber, in sea foam, hand sculpted). Its speciality are the models made under the house label. Rakel Van Kote also assures the upkeep and reparation. She will explain how to clean a sea foam pipe by soaking it in whale oil while wearing white gloves...

Bourgeois-L'Ingénieur Chevallier

Optique de précision, maison fondée en 1740

Precision optician, founded in 1740

17, rue Pyramides
01 42 60 74 64
Métro : Pyramides

1er

Au croisement de plusieurs lignées de familles d'opticiens, Bourgeois-L'Ingénieur Chevallier est un lieu chargé d'histoire. C'est aussi une maison « confidentielle » où des initiés viennent se procurer des lunettes d'exception.

At the crossroads of several lines of optician families, Bourgeois-L'Ingénieur Chevallier is a place full of history. It is also a "confidential" address where the initiated come to find exceptional glasses.

Une succession d'opticiens prestigieux

La boutique d'origine était au coin du quai de l'Horloge (au palais de Justice). Tenue par Henry Bourgeois en 1846, elle se développa en réunissant celle du docteur Arthur Chevalier (maison fondée en 1765) et celle de l'ingénieur Charles Chevallier, un génie de l'optique et de la photographie. En 1879, elle fut reprise par des fabricants de jumelles, les frères Avizard puis par Lucien Boucart (1924). Elle appartient depuis 1977 à Pierre Golendorf, un opticien passionné par l'histoire de l'optique.

Une collection d'instruments anciens

Simple et classique, avec un mobilier 1930 de Cuba en acajou massif, le magasin est éclairé de trois lustres « Marie-Thérèse ». De beaux baromètres sont exposés, dont celui de Fortin (baromètre pour contrôler la pression dans les pipelines) et un baromètre de l'ingénieur Chevallier chargé de souvenirs. Sur le bureau de l'opticien se trouve un frontofocomètre, appareil datant de 1860 qui mesure la puissance frontale de l'image d'un verre et dont il se sert encore.

A succession of prestigious opticians

The original boutique was on the corner of the quai de l'Horloge (near to the Palais de Justice). Run by Henry Bourgeois in 1846, it developed by reuniting with that of Doctor Arthur Chevalier (founded in 1765) and that of the engineer Charles Chevallier, a genius of optics and photography. In 1879, it was taken over by binocular makers, the Avizard brothers and then by Lucien Boucart (1924). Since 1977 it has belonged to Pierre Golendorf, an optician passionate about optical history.

A collection of ancient instruments

Simple and classic, with 1930s Cuban furniture in solid mahogany, the boutique is illuminated by three "Marie-Thérèse" chandeliers. Beautiful barometers are exposed, including one by Fortin (a barometer for controlling the pressure in pipelines) and a barometer by engineer Chevallier, full of memories... On the optician's desk there is a frontofocometer, a piece of equipment which measures the frontal power of the image of a lens and dates from 1860. He still uses it today.

Lunettes à l'ancienne

Amoureux des matières naturelles travaillées à l'ancienne, Pierre Golendorf privilégie la corne, beaucoup moins chère et plus solide que l'écaille, utilisée autrefois, tout en restant une matière noble et vivante, et continue à faire des montures en or. Il propose à sa clientèle d'habitués, amateurs de montures originales et raffinées, des lunettes rondes en corne, de marque réputée (Hoffmann). Elles sont un peu rétro, non sans raison car, jusque dans les années 1950, on ne savait pas tailler les verres autrement que ronds ou ovales.

Old fashioned glasses

Lover of natural materials worked in old fashioned methods, Pierre Golendorf privileges horn used in days gone by, which is much cheaper and more solid than tortoiseshell and remains a noble and living material. He also continues to make frames in gold. He proposes to his regular and discerning customers, lovers of original and refined frames, round glasses in horn of the reputable Hoffmann brand. They are a little retro, not without reason, as, up until the 1950s, we didn't know how to cut glass in forms other than round or oval.

ARTICLES ET SPÉCIALITÉS / ARTICLES AND SPECIALITIES

Lunettes vintage sur mesure.

Articles Carl Zeiss : jumelles, longues-vues, appareils scientifiques, télescopes.

Made to measure vintage glasses.

Articles by Carl Zeiss : binoculars, telescopes and scientific instruments.

Ancien baromètre Naudet ou baromètre « holostérique » (à gauche)
Ancient Naudet barometer or "holosteric" barometer (on the left)

Dehillerin

Spécialiste du matériel de cuisine, maison fondée en 1820

Specialist in kitchen material, founded in 1820

1er

18-20, rue Coquillière
51, rue Jean-Jacques Rousseau
01 42 36 53 13
www.e-dehillerin.fr
Métro : Les Halles, Louvre

Depuis deux siècles, Dehillerin équipe les cuisines professionnelles haut de gamme d'un matériel digne du grand art français de la table. Et le fier coq, son emblème, gonfle toujours ses plumes devant les amoureux de la cuisine à l'ancienne et les grands chefs.

For two centuries, Dehillerin has been equipping top of the range professional kitchens with a range of products worthy of grand French table arts, and the proud cock, its emblem, always ruffles up its feathers before lovers of good old-fashioned cooking and grand chefs.

Quatre générations

En 1820, Eugène Dehillerin, fabricant de matériel de cuisine s'installa dans ce quartier des Halles où fourmillaient les restaurants et les gargotes. La continuité de la maison a été assurée par la veuve du fondateur, secondée de son fils Maurice et de son gendre, puis par Jacques et Raymond, et enfin Jean le petit-fils. À cette époque, Dehillerin avait ses propres ateliers domiciliés porte de Versailles et fournissait le paquebot Normandie. À présent Éric, l'arrière-petit-fils, assure la continuité.

Four generations

In 1820 Eugène Dehillerin, maker of kitchenware was installed in the Les Halles area which was crawling with restaurants and cheap diners. The continuity of the house was assured by the widow of the founder, seconded by her son Maurice and her son-in-law, then by Jacques and Raymond, and finally by Jean, her grandson. At this time, Dehillerin had its own workshops located at porte de Versailles and they supplied to the steamship the "Normandie". Today it is Eric, her great grandson who assures the continuity.

Le coq Dehillerin estampille le matériel de chefs réputés
The Dehillerin cock is found on the material of reputed chefs

Un accrochage impressionnant

La boutique, qui date de 1890, est l'une des seules du quartier des Halles à avoir conservé un décor intact. Des enfilades d'étagères en bois dont on ne voit pas la fin, une hauteur de plafond impressionnante qui oblige le quidam à se décrocher la tête et les vendeurs à grimper ou à s'équiper d'une perche pour saisir l'article convoité. Un splendide escalier à double hélice mène au vaste sous-sol rempli lui aussi de matériel extraordinaire.

Tradition culinaire française

Éric Dehillerin veille à transmettre les outils et les recettes d'un art de la table qui fait partie de notre patrimoine. Il gère 4000 références, continue à proposer des ustensiles dont l'usage se perd, comme les hâtelets, ces drôles de piques surmontées d'une figurine qui servent à décorer les plats et qui donnent le thème d'une terrine. Il fait encore la presse à canard, le bain-marie en cuivre, les bassines à confiture et la fameuse poissonnière à truite au couvercle arrondi et à pattes amovibles bien différente de la poissonnière classique aux pattes fixes et couvercle plat.

An impressive "collision"

The boutique, which dates from 1890, is one of the only shops in the Les Halles district to have conserved its original decor intact. The rows of wooden shelves, which seem endless, an impressive ceiling height which obliges you to strain your neck and the staff to climb up, or to look for a pole in order to reach the article required. A splendid double staircase leads to a basement, also filled with splendid wares.

A French culinary tradition

Éric Dehillerin is careful to pass on the utensils and the recipes of a table art which are part of our patrimony. He handles 4,000 references, continues to propose utensils which are rarely used these days, like small skewers used since the 18th century, these funny spikes decorated with a figure which were used to decorate dishes and announce the flavour of paté. He still sells duck presses, copper double boiler pans, jam bowls and the famous trout serving dish with a rounded cover and removable feet, very different from the classical one with fixed feet and a flat cover.

ARTICLES / ARTICLES

Batterie d'ustensiles (casserole, sauteuse, bassine à ragoût, plat à tarte, etc.) : gamme cuivre inox extra fort ; gamme cuivre inox pour la table ; gamme en cuivre étamé de vastes ustensiles symbolisant la tradition culinaire ; gamme chef inox robuste pour les professionnels.

Outils du chef : couteaux de cuisine, couteaux Laguiole, turbotière, bassin à blanc, rouet coupe-légume, presse à canard, feuilles de cuisson, hâtelets, etc.

A battery of utensils (pans (frying pans, stew dishes, tart dishes, etc.), a range of very resistant stainless copper, also available in tableware, a vast range of utensils in bronzed tin symbolising culinary traditions, products for professional chefs in robust stainless steel.

Tools for chefs, kitchen knives, Laguiole knives, turbot cooking pans, white sauce bowl, vegetable cutting wheel, duck press, baking-trays, etc.

24

Établissements Julien Aurouze

Destruction d'animaux nuisibles, maison fondée en 1872

Destruction of animal nuisances, founded in 1872

1er

8, rue des Halles
01 40 41 16 20
www.aurouze.fr
Métro, RER : Châtelet-Les Halles

Pendus dans la vitrine depuis 1925, de gros rats capturés dans les halles de Baltard font toujours le succès de la « boutique verte ». Elle est immortalisée et connue mondialement grâce au film « Ratatouille » (2007, Brad Bird).

Hanging in the window since 1925, huge rats caught in the market halls at Baltard help the success of this "green boutique". It is immortalised and known worldwide thanks to the film "Ratatouille" (2007, Brad Bird).

Brevets maison

« Le Renard blanc », commerce de raticides, insecticides et pièges fut créé par Étienne Aurouze, un Auvergnat astucieux qui mit au point les « Graines diaboliques », la « Colle du diable », la « Poudramor », les « Pâtes du diable ». Son fils Louis développa la gamme de pièges : souricière en cristal, nasses, tapettes à souris Cas Dos et ravioles. De 1970 à 2000, Paul, son petit-fils, s'adapta à la nouvelle réglementation et innova avec des produits respectueux de l'environnement. La quatrième génération est représentée par sa fille Cécile et son fils Julien.

House Patents

"Le Renard blanc" commerce of rat poisons, insecticides and traps was created by Étienne Aurouze, a shrewd inhabitant of Auvergne who developed "Diabolical Seeds", "Devil's Glue", "Poudramor", and "Devil Paste". His son Louis developed a wide range of different kinds of vermin traps. From 1970 to 2000 Paul, his grandson, adapted a new regulation and innovated with environment respecting products. The fourth generation is represented by his daughter Cécile and her son Julien.

ARTICLES ET PRODUITS / PRODUCTS SOLD

Insecticides (32) : araignées, capricornes, mites, vrillettes du bois, cafards (gel Julien Aurouze ; raticides (37) ; pièges à glu ; tapettes, souricières, pièges à filet pour oiseaux, désinfectants, répulsifs (limaces, pigeons, serpents, etc.) ; Solupic (anti-pigeons). Boîtes anti-fourmis.

Produits professionnels : Axa taupes, Goliath, Gel curatif Xilix. Services professionnels de « sanitation » et d'élimination d'animaux nuisibles sur place.

Insecticides (32) : spiders, capricorn beetles, moths, death watch wood beetles, cockroaches (Julien Aurouze gel) Rat solutions (37) ; glue traps ; mousetraps, net traps for birds, disinfectants, repellants (slugs, pigeons, snakes, etc.) ; Solupic (anti-pigeons). Boxes for ants.

Professional Products : Axa moles, Goliath, Curative Gel Xilix. Professional services of "sanitation" and elimination of vermin on your premises.

Un métier pointu

Tous deux se complètent dans une profession devenue technique et se souviennent, du temps où, enfants, ils venaient jouer dans la boutique. Ils perpétuent le conseil et le savoir-faire de la maison, en développant des gammes de répulsifs variés, plus ciblés et écologiques. Ils ont fait certifier leur entreprise (norme Iso 901) et homologuer les produits par le ministère de l'Agriculture, conquérant ainsi des marchés importants auprès des administrations et des collectivités.

Conseils diaboliques

Chez Aurouze, on en apprend de belles sur les mœurs des animaux dits nuisibles : la fouine fait des ravages dans les poulaillers, les taupes saccagent les pelouses, des millions de rats squattent dans Paris, le ragondin a un solide appétit. Mais le pire est le surmulot, hyperactif et agressif, capable de détruire des câbles électriques et des conduites d'eau et qui transmet des maladies mortelles à l'homme. Ici, pour chacun, un produit radical : glu, poudre foudroyante, pâte du Diable.

A highly specialised job

Both are complimentary in this profession which has become very technical, and they remember the time when, as children, they came to play in the boutique. They perpetuate advice and the know-how of the establishment, in developing ranges of various repellants which are more precise and ecologically friendly. They have certified their business (regulation Iso 901) and have had their products approved by the Minister of Agriculture, winning over in this way important customers with administrations and professional bodies.

Diabolical advice

At Aurouze, we can learn some good tips on the habits of creatures known as vermin, the stone marten can be devastating in the hen house, moles destroy lawns, millions of rats squat in Paris, the coypu has a solid appetite. The worst of all is the common rat, hyperactive and aggressive, capable of destroying electric cables and water pipes, they also transmit mortal diseases to humans. Here, for each pest, a radical solution : glue, "sudden death" powder, Devil's paste...

Cette souricière piège les souris sans les tuer
This mousetrap catches mice without killing them

Bacqueville

Fabricant de médailles, fondé en 1790

Manufacturer of medals, founded in 1790

6-7-8, galerie de Montpensier
Jardin du Palais-Royal
01 42 96 26 90
www.bacqueville-medailles.com
Métro : Palais-Royal

1er

Plus que bicentenaire, la maison Bacqueville ne connaît pas la crise. Femmes et hommes de mérite sont encore nombreux à fréquenter l'une des dernières détentrices du droit de frapper des médailles. Chargées d'histoire, ces pièces restent une spécialité hexagonale.

More than 200 years old, the house of Bacqueville hasn't heard of the crisis. Women and men of honour are numerous in frequenting one of the last holders of the right to strike medals. Loaded with history these pieces remain a French speciality.

Bacqueville exerce un art officiel et rigoureux
Bacqueville exerts an official and rigorous art
Dans sa vitrine : médailles aux "crachats" étincelants
In the window : medals polished until they shine

Un décor historique

D'un côté, les splendides arcades du Palais-Royal et son jardin, de l'autre, une scintillante boutique. Les vitrines croulent sous les rubans et les médailles aux « crachats » étincelants, sur un fond de boiseries laquées et de miroirs. Un bureau et deux fauteuils style Empire reposent sur le carrelage d'origine comme le sont les boiseries et les miroirs, les longs tiroirs à poignée en cuivre. Une élégante balance, également en cuivre, servait auparavant à peser les métaux.

A historic decor

On one side, the splendid arcades of Palais-Royal and its garden, on the other, a sparkling boutique. The show cases are weighed down with ribbons and medals "spit and polished" until they shine, with a background of lacquered panels and mirrors, all original, as are the narrow drawers with copper handles. There is a desk and two Empire style chairs which have also there for 200 years. Elegant scales, also in copper, were used for weighing the metals.

Un droit qui remonte au XVIIIe siècle

La maison portait le nom de Lasne et avait obtenu le droit de frappe en 1790, droit réservé à quelques privilégiés (À Marie Stuart, Arthus-Bertrand, La Monnaie de Paris). En 1869, elle reçut le droit de fabriquer des pièces de monnaie pour Napoléon III. Après avoir appartenu à deux générations de la famille Bacqueville, la maison fut rachetée, en 1980, par deux sœurs spécialisées dans les décorations et les uniformes militaires. Leur nièce, Sylvie Keller, gère la maison et une clientèle exigeante pour qui elle se met en quatre.

An entitlement which goes back to the 18th century

The house carried the name of Lasne and obtained the right to strike medals in 1790, a privilege reserved for a few houses (Marie Stuart, Arthus-Bertrand, La Monnaie de Paris). In 1869, it received the right to strike coins for Napoleon III. After belonging to two generations of the Bacqueville family, the house was sold, in 1980, to two sisters specialising in military uniforms and decorations. Their niece, Sylvie Keller, runs it today for her very demanding customers, whom she goes to great efforts to please.

ARTICLES ET SPÉCIALITÉS / ARTICLES AND SPECIALITIES

Médailles militaires, civiles, du travail. Barrettes et écrins. Médailles d'Honneur.

Colliers et écharpes. Insignes pour mairie. Cocardes. Médailles personnalisées.

Commandes spéciales pour associations, entreprises.

Military, civil and work medals. Medals and display cases. Medalf of honour.

Mayoral sashes and chains. Insignia for town halls. Cockades. Personalised medals.

Special orders for associations and companies.

Un artisanat minutieux codifié

Toutes les décorations figurent au catalogue Bacqueville : Légion d'honneur, Ordre du Mérite, distinctions municipales, palmes académiques, médailles par corps de métier. Les plus demandées sont les médailles du travail et les décorations utilisées dans les films et pièces de théâtre. Une médaille est le fruit d'un travail minutieux mariant le geste traditionnel et la technologie. Il faut au minimum deux mois et demi pour la frapper, la décorer et l'émailler, en se conformant au cahier des charges fixé par les textes administratifs.

A meticulous coded craft

All the decorations appear in the Bacqueville catalogue, Legion of Honour, Order of Merit, municipal distinctions, academic awards, medals for professional distinctions. The most in demand are work medals and decorations used for films and theatre. A medal is the fruit of a meticulous task which combines both traditional gesture and technology. It takes at least two and a half months to strike, decorate and enamel, in order to conform with the book of regulations fixed by the administrative texts.

La maison possède des souvenirs napoléoniens
The house possesses Napoleonic souvenirs

Declercq Passementiers

Passementerie fondée en 1850

Haberdashery founded in 1850

15, rue Étienne-Marcel
01 44 76 90 70
www.declercqpassementiers.fr
Métro : Étienne-Marcel

1er

Un décor « grand siècle », au cœur du vieux Paris, abrite les splendides collections de Declercq Passementiers. Sous les portraits des ancêtres, la sixième génération de la famille de passementiers fait vivre un métier rare et un art très ancien.

A "grand century" decor in the heart of old Paris shelters the splendid collections of Declercq Passementiers. Under the portraits of their ancestors, the sixth generation of this family of haberdashers keeps alive a rare profession and a very ancient art.

La mémoire du métier

Claude Declercq, pdg de la société, a transmis à ses enfants le goût de la passementerie. Son fils, Jérôme, dirige l'affaire, aidé, pour la création et les relations publiques, de son épouse Éléonore et, pour la fabrication, de sa sœur Élisa. Près de la longue table de réunion sont accrochés les portraits des générations précédentes, de l'aïeul Joseph Bertaud à Jacqueline Perret-Declercq.

Collections et démonstrations

Le magasin est un espace de démonstration. Tout le savoir-faire de la maison est exposé et montré. Une fois par semaine, des artisans passementiers s'installent sur l'ancien métier à tisser ou devant la table à ouvrage. On peut admirer, derrière de hautes vitrines, les somptueuses collections de la maison. Classées par ordre chronologique, ces pièces d'archives remontent à Louis XIV.

The memory of a profession

Claude Declercq, President of the society, has transmitted the love of haberdashery to his children. His son Jérôme manages the company, aided, for the creations and public relations by his wife Éléonore and, for the fabrication by his sister Élisa. Around a long reunion table are the portraits of the previous generations, from grandfather Joseph Bertaud to Jacqueline Perret-Declercq.

Collections and demonstrations

The shop is also a demonstration area. All the know-how of the house is exhibited and explained here. Once a week artisan haberdashers work on the ancient weaving loom or in front of the work table. You can admire, in the tall showcases, the sumptuous house collections. Classed in chronological order, these pieces from the archives go back to Louis XIV.

Declercq préserve des techniques ancestrales
Declercq preserves ancesestral techniques
Ses collections remontent à Louis XIV
Their collections go back to Louis XIV

Performances de toujours

Il faut des années d'apprentissage pour gagner l'agilité des doigts d'où sortent de petits miracles. Declercq travaille selon des techniques ancestrales et sait refaire à l'identique des pièces exceptionnelles. La maison a ses références : Opéra Garnier, châteaux de Versailles, de Fontainebleau et de Compiègne. Aussi performante dans la reconstitution historique que dans l'innovation, elle très inspirée dans ses créations contemporaines, associant modernité et classicisme.

Performances of always

It takes years of training to acquire the agility of fingers to work these small miracles. Declercq works with ancestral techniques and knows how to copy identically exceptional pieces. The house has its references, the Opera Garnier, the Chateaux of Versailles, Fontainebleau and Compiègne. As performant in historic reconstitution as in innovation, it is very inspired with its contemporary creations, associating modernity and classicism.

ARTICLES ET SPÉCIALITÉS / PRODUCTS SOLD

Passementerie artisanale : embrasses, galons, glands de tous styles, du XVIIIe au contemporain.

Plusieurs dizaines de collections : Siècle des Lumières, Flandres, Empire, Les Ors, Margot…

Tapisseries tissées sur métier de haute-lisse (Vietnam), créations originales.

Objets de décoration : coussins, trim- sofa, lampes, sculptures, bijoux.

Artisanal haberdashery : tie-backs, braids, tassels in all styles from 18th century to contemporary.

Dozens of collections : Siècle des Lumières, Flandres, Empire, Les Ors, Margot…

Tapestries woven in his workshop in Vietnam, original creations.

Home decoration : cushions, trims, lamps, sculptures, jewellery.

E.B. Meyrowitz

Opticiens, maison fondée en 1875

Opticians, house founded in 1875

5, rue de Castiglione
01 42 60 63 64
www.meyrowitz.com
Métro : Tuileries

1er

La griffe du talent et de la passion règne sur ce magasin de style anglo-saxon à deux pas de la place Vendôme. Une équipe de spécialistes évolue dans un décor feutré et propose des conseils personnalisés pour des lunettes uniques.

The mark of talent and passion reigns in this anglo-saxon style boutique two steps from the place Vendôme. A team of specialists work in a hushed, cosy atmosphere and give personalised advice for unique glasses.

Un griffon pour emblème

Venu de Greifenhagen (Lituanie), d'où l'emblème du griffon – *greifen* en allemand –, l'opticien Émile Bruno Meyrowitz s'implanta en 1875 à New York, puis à Londres, et à Paris en 1904. Il installa le magasin à l'adresse actuelle en 1922, lançant des montures pliantes, avec un système exclusif, développant le verre à « double foyer » (Kryptok), puis créant les Goggles, des lunettes mythiques pour avions et voitures décapotables. Son fils Ernest lui succèda. La société, rachetée en 1960, est dirigée à présent par Jacques Seiler.

Une boutique grand style

Le magasin a conservé son décor de style anglo-saxon. Mobilier en acajou, glaces teintées, lumière tamisée, bruit estompé par d'épaisses vitres de cristal… l'ambiance est intime et feutrée. La boutique se divise en deux espaces : l'un est réservé à la lunetterie, l'autre, aux accessoires (loupes, jumelles, baromètres, thermomètres…). Au centre, un bel escalier mène vers les bureaux du premier étage. Des lustres en bronze doré éclairent des pendules anciennes et des baromètres d'époque. Il faut absolument jeter un œil aux vitrines du musée de la maison.

A griffin for emblem

Coming from Greifenhagen (Lithuania), which explains the griffin emblem, "greifen" in German, the optician Émile Bruno Meyrowitz started his business in 1875 in New York, then in London, arriving in Paris in 1904. He moved to his present address in 1922, launching folding frames, with an exclusive system, also developing bifocal lenses (Kryptok) and Goggles, the mythic glasses used by aeroplane pilots and open top car drivers. His son Ernest succeeded him. The company, bought out in 1960, is presently run by Jacques Seiler.

A grand style boutique

The shop has conserved its anglo-saxon style. Mahogany fittings, tinted mirrors, subtle lighting, noise softened by thick crystal windows… the ambiance is intimate and subdued. The boutique is divided into two areas, one is reserved for glasses and the other for accessories (magnifying glasses, binoculars, barometers, thermometers…). In the centre, a beautiful staircase leads to the offices on the first floor. Gilded bronze chandeliers light up the antique clocks and period barometers. You must see the display cases of the house museum...

ARTICLES ET SPÉCIALITÉS/ PRODUCTS SOLD

Lunettes collector imitation écaille, écaille véritable ou corne de buffle, or massif.

Lunettes de vue et lunettes de soleil griffées. Lunettes de sport : Tag Heuer Night vision pour le pilotage de nuit, lunettes Lensbond sans entourage.

Loupes professionnelles, loupes à manches de Carl Zeiss. Jumelles Zeiss ; baromètre de marine Naudet ; planisphère lumineux Geochron.

Collector glasses in imitation or real tortoiseshell, buffalo horn and solid gold.

Designer glasses and sunglasses. Sports glasses : Tag Heuer Night vision for night time piloting, Lensbond glasses wihout frames.

Professional magnifying glasses, magnifying glasses with handles by Carl Zeiss. Zeiss binoculars, Naudet marine barometer, Geochron luminous planisphere.

Plaque d'écaille de tortue caret, une matière rare
A plaque of hawksbill turtle shell, a rare material
Vitrine musée : ici, les lunettes de Marcel Achard
Museum window : here the glasses of Marcel Achard

Sur mesure et technologie

Meyrowitz réalise des lunettes sur mesure dans des matériaux prestigieux – écaille de tortue, corne de buffle, or véritable. On peut même s'offrir une réplique des lunettes de Sacha Guitry ou de Marcel Achard car la maison a l'exclusivité de ces modèles. Elle crée aussi ses collections : « Vintage Spirit » dont le modèle Manhattan (2002), collection Olivier Lapidus avec son modèle Slack (2008) équipé de verres « Transitions ».

Made to measure and technology

Meyrowitz makes glasses to measure in very prestigious materials, tortoiseshell, buffalo horn and real gold. You can even order a replica of Sacha Guitry or Marcel Achard's glasses as the house has the exclusivity of these models. It also creates collections, "Vintage Spirit" including model "Manhattan" (2002), collection by Olivier Lapidus with model "Slack" (2008) equipped with "Transitions" lenses.

Cafés Verlet

Comptoirs créés en 1880

Coffee bar created in 1880

256, rue Saint-Honoré
01 42 60 67 39
www.cafesverlet.com
Métro : Palais Royal-Musée du Louvre

1er

Cette maison de torréfaction réputée pour l'authenticité et la qualité de ses mélanges attire des connaisseurs qui viennent de loin. On peut aussi s'attabler aux Cafés Verlet dans un cadre intime et croiser des journalistes, comédiens, gens d'affaires des beaux quartiers.

This house of coffee-roasting, renowned for its authenticity and the quality of its blends attracts connoisseurs who come from miles around. You can also sit down in the intimate atmosphere of Cafés Verlet alongside journalists, actors and business people from this beautiful neighbourhood.

Un ancien comptoir colonial

Ce comptoir de négoce colonial fut ouvert en 1880 par un navigateur Cap-Hornier, Auguste Woehrlé. Il le baptisa « Verlet » et vivait au premier étage en famille. Né dans un couffin de café, Pierre prit la suite de son père en 1956. Il se mit à torréfier et à proposer des grands crus d'origine pure. En quarante ans, cette forte personnalité accueillit bien des amateurs de « petit noir », frappant les trois coups avant de lever le rideau de fer. Son neveu, Éric Duchossoy, a pris sa suite en 1995.

Intime et aromatique

Boutique et salon se nichent au creux d'une arche en pierre. En vitrine, des sacs de jute gonflés de café propagent sur le trottoir un arôme sympathique qui interpelle le passant.

Le décor, datant de 1920, est intime, propice aux conversations de salon. Les convives s'installent sur des banquettes de moleskine verte, couleur de la maison, autour de petites tables. Remarquez un bec de gaz, témoin de l'ancien éclairage, et admirez les boîtes à thé chinoises centenaires.

An ancient colonial bar

This colonial trading bar was opened in 1880 by a navigator of Cape Horn, Auguste Woerlé. He called it "Verlet" and lived with his family on the first floor. Born in a coffee crate cradle, Pierre took over from his father in 1956. He started to roast coffee and proposed special blends of pure origin. In forty years, his strong personality has welcomed lovers of the "strong black stuff", knocking 3 times before lifting the iron curtain. His nephew, Éric Duchossoy, took over in 1995.

Intimate and aromatic

Boutique and salon are nested away in the hollow of a stone archway. In the window jute sacks overflowing with coffee beans which send a very pleasant aroma onto the street, tempting passers by to come in.

The decor, dating from 1920, is intimate and favourable to private conversations. The guests settle onto benches in green moleskine, the colour of the house, around small tables. Look at the gas lamp, witness of lighting in days gone by and admire the hundred year old Chinese tea caddies.

DÉCOR 1920 ET AMBIANCE PROPICE AUX RENDEZ-VOUS

1920S DECOR WITH AN AMBIANCE FAVOURABLE FOR MEETINGS

CRUS ET PRODUITS / «CRUS» AND PRODUCTS

Cafés : trente grands crus d'origine pure, d'Amérique, d'Afrique, d'Asie. Mélanges maison, cafés gourmets comme le Hawaï Kona Extra – café du Pacifique légèrement chocolaté, le Saint-Domingue – une exclusivité de la maison, café aux notes de pruneaux et de caramel.

Thés : une centaine, du Japon (Gyokuro, l'un des plus fins), de Chine, d'Inde, de Ceylan.

Épicerie fine : coffrets grands crus, fruits confits de chez Lilamand, poivres rares, infusions de la Fontaine aux fruits, confitures artisanales, vanilles. Grand choix de sacs à café en jute.

Coffees: thirty "grands crus" of pure origine from America, Africa and Asia. Home blends, gourmet coffees like the "Hawaï Kona Extra", coffee from the Pacific, lightly chocolate flavoured or from Santo-Domingo, an exclusivity of the house, coffee with prune and caramel notes.

Teas : a hundred varieties, from Japan (Gyokuro being one of the finest), from China, India and Ceylon.

Fine groceries: "grands crus" gift boxes, crystallised fruits from Lilamand, rare pepper, fruit infusions from Fontaine, home made jams, vanillas. Great choice of coffees in jute sacks.

Une invitation au voyage

Éric Duchossoy torréfie lui-même ses cafés, perpétuant l'esprit de ce comptoir ouvert sur le monde. Il privilégie les plantations qui ont une approche écologique et humaine de la culture du café. Pour les palais délicats, il a récolté des arabicas aux goûts de fleur, de caramel, de vanille. Il recommande toujours le café d'Éthiopie, berceau des cafés, dont le fameux « moka Sidamo », doux, parfumé et délicat, long en bouche, avec des notes florales, ou le mélange Grand Pavois (arabicas du Brésil et de Colombie) créé par Auguste Verlet.

An invitation to voyage

Éric Duchossoy roasts his coffees himself, perpetuating the spirit of this coffee bar open to the world. It privileges plantations which have an ecological and humane approach to the coffee culture. For delicate palates he also harvests Arabica coffee with the flavour of flowers, caramel and vanilla. He always recommends coffee from Ethiopia, birthplace of coffees, including the famous "moka Sidamo", gentle, aromatic and delicate with floral notes, or the "Grand Pavois" blend (arabicas from Brazil and Colombia) created by Auguste Verlet.

Rarissime

Magasin d'antiquités, échoppe datant de 1638

Antique shop, dating from 1638

1er

18, rue Saint-Roch
01 42 96 30 49
Métro : Tuileries, Pyramides

Cette minuscule maison est l'un des plus anciens commerces de Paris. On y trouve aujourd'hui un ravissant magasin où s'accumule un joli choix d'antiquités.

This tiny house is one of the most ancient commerces of Paris. Today we can find a delightful boutique with a lovely selection of antiques.

Un fabuleux destin

Accolée aux murs de l'église Saint-Roch, l'échoppe était consacrée à la vente des objets de piété car il était autrefois interdit de tenir un commerce à l'intérieur des bâtiments religieux. Au XVIIIe siècle, elle fut tenue par un barbier. On raconte que les révolutionnaires, dont Robespierre, venaient ici faire tailler leur barbe. Puis, Napoléon, qui s'appelait à l'époque Bonaparte, canonna devant l'église.

Charmantes antiquités

Menacée de destruction dans les années 1970, la boutique fut sauvée par un antiquaire qui, en 1996, a transmis son commerce à Françoise Langlois, une autre antiquaire amoureuse de vieilles pierres. Elle l'a restaurée de belle façon, y installant un magnifique escalier de pierre hélicoïdal à noyau évidé, dessiné et fabriqué sur mesure par Roger Biewesche selon un modèle du XVIe siècle. En connaisseuse, elle propose un joli choix de porcelaine, d'argenterie, de lampes et de bibelots et de bijoux anciens en or 18 carats.

A fabulous destiny

Built into the walls of the Saint-Roch church, this small boutique was devoted to pious objects as, in days gone by, commerce was forbidden inside religious buildings. In the 18th century this was a barber's shop. They say that the revolutionaries, including Robespierre, came here to have their beard trimmed. Then Napoleon, who was known as Bonaparte at this time, shot at the Royalists in front of the church.

Charming antiques

Menaced with destruction in the 1970s, the boutique was saved by an antiquarian who, in 1996, passed on his commerce to Françoise Langlois, another antique dealer and lover of old stones. She has restored it beautifully, installing a magnificent stairway in helical stone with a hollow centre designed and built to measure by Roger Biewesche after a 16th century model. A real connoisseur she proposes a beautiful selection of china, silver, lamps, knick-knacks and ancient jewellery in 18 carat gold.

Legrand Filles & Fils

Caves à vins, épicerie fine, fondées en 1880

Wine caves, fine groceries, founded in 1880

2e

1, rue de la Banque
01 42 60 07 12
www.caves-legrand.com
Métro : Bourse

L'atmosphère particulière de la maison tient certainement à l'esprit de la famille qui l'a animée pendant de nombreuses années et qui a imprégné ses vieux murs. Aujourd'hui, les caves Legrand jouissent d'une renommée internationale.

The particular atmosphere of the house certainly comes from the spirit of the family who have owned it for many years and who have impregnated its ancient walls. Today, the Legrand caves enjoy an international reputation.

RE DAME DES VICTOIRES
EGRAND CONFISERIE 1
AND Filles & Fils 1
CHAMPAGNE
1er CRU
BONNAIRE
à
CRAMANT
R&L LEGRAS
à
CHOUILLY

ARTICLES ET SPÉCIALITÉS / PRODUCTS SOLD

Caves : plus de 700 références allant de vins de petits vignerons indépendants aux millésimes anciens d'exception. Vins du monde : Allemagne, Argentine, Australie, Espagne, Israël, Italie, Nouvelle-Zélande, Portugal, Suisse.

Épicerie fine : cafés, thés, confiseries dont bon nombre de spécialités régionales : Monarque véritable, gâteau nantais à base de rhum, Négus de Nevers, amandes Mazet de Montargis, pain d'épices Mulot.

Caves : more than 700 references ranging from wines of small independent winegrowers to exceptional ancient vintage wines. World wines from, Germany, Argentina, Australia, Spain, Israël, Italy, New-Zealand, Portugal, Switzerland.

Fine groceries: coffee and tea blends, confectionery, including a number of regional specialities, Real "Monarque", (cake with rum) from Nantes, Négus from Nevers, Mazet de Montargis almonds, Mulot gingerbread.

À l'origine, Legrand était une épicerie fine réputée

Originally Legrand was a highly reputed fine grocery store

Le nom du fondateur est toujours inscrit dans le carrelage

The name of the founder is still inscribed in the tiles

Une maison de famille

Ce comptoir d'épices créé en 1880 devient une épicerie fine réputée dès 1919 avec les frères Legrand, Pierre et Alexandre. Lucien, le fils de Pierre, en fait le rendez-vous incontournable des amateurs de vins de terroir qu'il déniche. Puis, durant quinze ans, sa fille Francine, « Mademoiselle Legrand », entraîne autour d'elle une équipe de fervents professionnels du vin et multiplie les événements. En 2000, elle a passé la main à deux connaisseurs, Christian de Chateauvieux et Gérard Sibourd-Baudry, qui perpétuent les valeurs de la maison.

A family affair

This spice bar created in 1880 became a renowned fine grocery store in 1919 under the Legrand brothers, Pierre and Alexandre. Today Lucien, son of Pierre, organises the important meetings with enthusiasts of the local wines he is always seeking out. Over a period of fifteen years his daughter Francine, "Mademoiselle Legrand", has been in charge of a team of ardent wine professionals and has multiplied events. In 2000 she handed over to two connoisseurs, Christian de Chateauvieux and Gérard Sibourd-Baudry, who continue to perpetuate the house values.

Deux facettes

De l'ancienne échoppe, il reste la devanture et son inscription en lettres dorées, le carrelage avec le nom du fondateur (Beaugé). Comptoirs et vitrines d'origine proposent les mêmes gourmandises : confitures, bonbons français à la mode d'autrefois, cafés et thés dont les effluves se mélangent. À l'arrière, une vinothèque et une boutique dédiée à l'art du vin ont été créées. On peut y déguster des vins de l'ancien et du nouveau Monde, rencontrer les vignerons et s'attabler, dans la belle galerie Vivienne, devant une assiette de produits du terroir.

Connaissance et rigueur

Par une sélection rigoureuse, la maison a imposé un véritable goût Legrand. Elle privilégie le vin honnête, représentatif de sa région, respectueux du consommateur et de l'environnement, tout en gardant l'œil ouvert sur le monde. Des « pépites » comme Zind-Humbrecht en Alsace, Selosse en Champagne, Tertre-Rotebœuf à Saint-Émilion, Grange des Pères en Languedoc, des domaines désormais fameux, ont ainsi été découverts par Legrand.

Two sides

The original shop front remains with its inscription in gold letters, the tile bearing the name of the founder (Beaugé). The counters and the original shop windows propose the same mouth watering treats, jams, French sweets from days gone by, coffees and teas giving a mixture of delightful smells. In the back of the shop a wine library and boutique dedicated to the art of wine have been created. You can taste wines from the old and the new World, meet wine producers and sit down at a table, in the beautiful "galerie Vivienne", to enjoy a plate of regional products.

Knowledge and rigour

By a strict selection process, the house has imposed real Legrand standards. They privilege "honest" wines, representative of their region of origin, respectful of the consumer and the environment, at the same time keeping an eye on the world. "Golden" names such as Zind-Humbrecht in Alsace, Selosse in Champagne, Tertre-Rotebœuf in Saint-Émilion, Grange des Pères in Languedoc, now famous domains, have also been discovered by Legrand.

Au Cœur immaculé de Marie

Librairie – objets religieux, fondée en 1863

Bookshop – religious articles, founded in 1863

2e

8, rue des Petits-Pères
01 42 60 97 87
Métro : Bourse, Sentier

En face de la basilique Notre-Dame-des-Victoires, cette librairie est un lieu de passage des pèlerins qui font le tour des sanctuaires consacrés à la Vierge Marie. Elle se fait remarquer par sa belle façade classée comme celle de la boutique voisine, "la maison bleue", où se niche une statue de la Vierge.

Facing the Notre-Dame-des-Victoires basilica, this bookshop is a stopping point for pilgrims doing the tour of the sanctuaries devoted to the Virgin Mary. It stands out with its beautiful classed facade and is as well known as the shop next door, "the blue house" where a statue of the Virgin is tucked away.

Une origine miraculeuse

La librairie fut fondée en 1863 par M. Percepied. Son destin est lié au miracle de l'église Notre-Dame-des-Victoires où la Vierge Marie se fit entendre en décembre 1836 pour encourager le curé de l'église. Une professionnelle de l'édition, Marie-Thérèse de Béjarry, l'actuelle propriétaire, a racheté le fonds en 1975 à Mme Bertrand qui tenait la boutique depuis 1936. Figurant dans un secteur inscrit à l'Inventaire des Monuments historiques, la façade XVIIIe de la boutique est protégée et doit conserver sa couleur bordeaux.

A miraculous origine

The bookshop was founded in 1863 by M. Percepied. Its destiny is linked to the miracle of the Notre-Dame-des-Victoires church where the Virgin Mary appeared in December 1836 as a sign of encouragement to the priest. A professional of editions, Marie-Thérèse de Béjarry, the actual owner, bought the business in 1975 from Mme Bertrand who ran the boutique from 1936. Figuring in the section of listed historic monuments, the 18th century facade of the boutique is protected and has to keep its burgundy colour.

ARTICLES ET SPÉCIALITÉS / PRODUCTS SOLD

Livres et souvenirs religieux : images pieuses, chapelets en nacre, en ivoire, en plastique. Médailles signées Arthus-Bertrand, Becker ou La Monnaie de Paris. Cierges – dont les neuvaines, icônes ou tableaux peints à la mode médiévale, vitraux.

Spécialité de la maison : statuettes de la Vierge Notre-Dame-des-Victoires en bois, en pierre, en bronze ou en ivoire.

Santons artisanaux provençaux : Carbonel ou Escoffier (de Marseille) en argile, décorés à la main. Santons Cassegrain (de la Beauce) en porcelaine émaillée. Santons italiens en bois sculptés.

Books and religious keepsakes : pious images, rosary beads in mother of pearl, ivory or plastic. Medals signed Arthus-Bertrand, Becker or La Monnaie de Paris. Candles, including novenas, icons or pictures painted in medieval fashion, stained glass.

Speciality of the house : statuettes of the Virgin of Notre-Dame-des-Victoires in wood, stone, bronze or in ivory.

Artisanal «Santons» (nativity figures) from Provence : Carbonel or Escoffier (from Marseille) in hand decorated clay. Santons Cassegrain (from Beauce) in enamelled porcelain. Italian "santons" in sculpted wood.

Ambiance monacale

En vitrine, un cortège de Vierges semble avancer vers l'église où se trouve l'original qui leur a servi de modèle. L'intérieur est simple. Au-dessus du plafond bas, on aperçoit, à l'entresol, derrière une fenêtre, l'ancien bureau d'où le libraire avait une vue plongeante sur sa boutique. Bercé par des mélopées baroques, le lecteur peut se plonger en toute sérénité dans *La Vie quotidienne selon la règle de saint Benoît,* ou dans la collection de livres de dévotion et d'ouvrages religieux.

Monastic ambiance

In the window, a procession of Virgins seem to be advancing towards the church where you can find the original on which they are based. The interior is simple. Above the low ceiling you can catch a glimpse, behind a window, of the ancient office from where the bookseller had a plunging view over his boutique. Rocked to sleep by the monotonous baroque chants, the reader can peacefully lose himself in the daily "La Vie" according to Saint Benoît, or in the collection of books on devotion and religious works.

Ultramod

Mercerie, passementerie, fournitures pour chapeaux, fondée en 1920

Haberdashery, trimmings and hat trimmings, founded in 1920

3-4, rue de Choiseul et 14, rue Monsigny
01 42 96 98 30
Métro : Quatre-Septembre, Opéra

2e

C'est un rêve de mercerie, luxuriante, feutrée, emballante, dont la réputation est établie auprès des stylistes, des créateurs de mode, des décorateurs et des amateurs de travaux d'aiguille. Les initiés y découvrent des trésors.

A dream of a haberdashery, luxurious, cosy, stimulating, its reputation is already established with stylists, fashion designers, decorators and sewing and knitting enthusiasts. The initiated can discover real treasures here.

ARTICLES ET SPÉCIALITÉS / PRODUCTS SOLD

Mercerie : boutons anciens et modernes, gros-grains, croquet, fils de soie anciens et nouveaux à broder, rubans de velours à trame de soie années 1930, dentelle, galons.

Articles pour tapisserie : navettes en bois, fuseaux, fourches à dentelle…

Passementerie, modiste : galons, voilettes en soie anciennes, coupons de soie, paille à chapeaux, feutre à chapeaux.

Haberdashery : ancient and modern buttons, grosgrain, rickrack braid, ancient and new silk embroidery threads, silk woven velvet ribbons from the 1930s, lace, braids.

Tapestry articles : wooden shuttles, spindles, lace forks…

Millinery haberdashery : braids, veils in ancient silk, silk remnants, straw and felt for hats.

« Tout pour la couture »

Satin duchesse, boutons, rubans et dentelles n'ont plus aucun secret pour Jean-François Morin, ancien de la finance tombé, en 1996, sous le charme de la mercerie « Tout pour la couture » tenue par madame Léone Santais. Celle-ci l'avait reprise de son patron, Joseph Agi, lequel avait racheté des stocks de passementerie dans des usines dévastées par la guerre. En 2000, le nouveau propriétaire lui adjoignit la boutique d'en face, spécialisée en articles pour modistes et en passementerie, qui appartenait au fils Agi.

"Tout pour la couture" (Everything for sewing)

Duchess satin, buttons, ribbons and lace have no secrets for Jean-François Morin, originally from the world of finance and falling under the charm of the haberdashery "Tout pour la couture" run by madame Léone Santais in 1996. She had taken over the business from her boss, Joseph Agi, who had bought stocks of haberdashery from factories devastated by the war. In 2000, the new owner bought the boutique opposite, specialising in articles for milliners and haberdashery, which had previously belonged to the Agi's son.

Modistes, stylistes et couturières se régalent ici

Milliners, stylists and fashion designers delight in coming here

Un choix impressionnant de boutons de toutes matières

An impressive choice of buttons in all materials

Un décor de cinéma

Les vendeuses s'affairent dans le magasin renfermant un nombre incroyable d'articles dans des boîtes en carton vert pâle et dans ses comptoirs en chêne polis par les ans. Dans la boutique d'en face, croulant sous les chapeaux et les formes, on respire la naphtaline. L'endroit est exceptionnel et sert de décor de cinéma, son ambiance convenant parfaitement aux adaptations littéraires de Maupassant.

Stocks de guerre

Ce n'est pas là une mercerie ordinaire. On y chine de vrais trésors : d'innombrables boutons de toutes matières dont certaines ne se font plus : nacre véritable, pâte de verre noire, corne et en cuir, pâte de lait ou galactite que l'on peut teindre. On trouve encore de la soie d'Alger cramoisie, des rubans moirés en satin velours gris perle, du coton perlé Bouton d'or, de la « soie à coudre Gutherman », du shantung, du satin duchesse et des pompons cerise, obligatoirement faits à la main.

A cinema backdrop

The sales staff bustle around in this shop containing an incredible number of articles in pale green cardboard boxes and on the oak counters polished by the years. In the boutique opposite, drowning in hats and forms, you can catch the smell of mothballs. This place is exceptional and has been used as a cinema backdrop, its ambiance being perfectly adapted to literary adaptations of Maupassant.

War time stocks

This is not an ordinary haberdashery. You can unearth real treasures, an endless number of buttons of all descriptions, including many that are no longer manufactured, real mother of pearl, black glass paste, horn and leather, milk paste or galactite that you can dye to the exact colour required. You can also find crushed silk from Alger, moiré ribbons in pearl grey satin velvet, pearlised cotton from "Bouton d'Or", "Gutherman sewing silk", shantung, duchess satin and cherry pompons.

Librairie Jousseaume

Librairie ancienne et moderne, fondée en 1826

Ancient and modern bookshop, founded in 1826

2e

45-46-47, galerie Vivienne
01 42 96 06 24
www.galaxidion.com/jousseaume
Métro : Bourse, Palais-Royal

La librairie «Jousseaume» se découvre au pied de quelques marches, dans le coin de la galerie Vivienne et happe le passant par son charme insolite sous les majestueuses verrières. Dans ce passage classé Monuments historiques, son emplacement est exceptionnel.

The "Jousseaume" bookshop can be discovered at the foot of a few steps in the galerie Vivienne area and catches the eye of passers-by with its unusual charm under the majestic glass roofs. In this historically classed passage its situation is exceptional.

Un lieu chargé d'histoire

Fondée peu de temps après la construction de la galerie en 1823, la librairie a appartenu à trois propriétaires et a été rachetée, en 1900, par M. Petit-Siroux, qui lui a annexé la boutique d'en face. Elle est tenue à présent par son petit-fils François Jousseaume. La proximité de la Bibliothèque nationale lui a longtemps amené des chercheurs. Des gens de lettres, comme Colette qui habitait sur les jardins du Palais-Royal, Alfred Jarry ou Jean Cocteau, étaient des habitués.

A place charged with history

Founded a short time after the construction of the gallery in 1823, this bookshop has belonged to three owners and was bought, in 1900, by M. Petit-Siroux, who then annexed the boutique opposite. It is presently run by his grandson, François Jousseaume. The proximity of the National Library has always brought researchers flocking to this bookshop. Famous writers like Colette, who lived in the gardens of Palais-Royal, Alfred Jarry or Jean Cocteau were all regulars here.

ARTICLES ET SPÉCIALITÉS / PRODUCTS SOLD

Vente par correspondance.

Catalogues d'ouvrages sur tous les thèmes : archéologie, architecture, beaux-arts, histoire, géographie, littérature, philosophie, science, théâtre, science-fiction. Revue « Crapouillot », « Cahiers de la Quinzaine ». Littérature étrangère (allemande, anglaise, américaine, italienne, russe).

Mail order available.

Catalogues of works on all themes: archeology, architecture, beaux-arts, history, geography, literature, philosophy, science, theatre, science-fiction. Revues "Crapouillot", "Cahiers de la Quinzaine". Foreign literature (German, English, American, Italian and Russian).

Royaume de livres

Si l'éclairage n'est plus au gaz, l'ambiance est intime, propice au dialogue singulier entre le bibliophile et l'objet de sa quête. La seconde boutique est plongée dans la pénombre. Il suffit de rallumer la belle endormie et l'on découvre de splendides rayonnages s'étageant en hauteur autour d'un balcon où l'on accède par un ravissant escalier en colimaçon.

Belles feuilles et éditions rares

Le libraire se tient derrière un bureau antique et, de son ordinateur, gère un fonds important et varié de livres « anciens et modernes ». Peu disert, il trouve sans hésiter une édition rare de Flaubert dans une collection reliée et imprimée sur papier Japon, satisfaisant ainsi l'amateur de belles feuilles. Auprès de l'ancienne presse de reliure de notaire, il a placé une belle lampe ornée d'une liseuse en bronze, femme sans tête, ni mains, sculptée par Albert-Ernest Carrier-Belleuse, d'un style néoclassique, fin XIXe siècle, clin d'œil peut-être au mystère de la lecture.

Kingdom of books

Even though the lighting is no longer gas, the ambiance is cosy, conducive to a one to one dialogue between a book lover and the object of his quest. In the second boutique, you can discover the splendid high shelves around a balcony which you are led to by a delightful spiral staircase.

Beautiful pages and rare editions

The bookseller is installed behind an antique desk and, from his computer, manages a very large and varied stock of "ancient and modern" books. He's not very talkative but he can find without hesitation a rare edition of Flaubert in a collection bound and printed on Japanese paper, thus satisfying a lover of great pages. Near to the old notary's binding press, he has placed a delightful lamp decorated with a beautiful bronze, a woman with neither head nor hands, sculpted by Albert-Ernest Carrier-Belleuse in a neo-classic style at the end of the 19th century. A reference maybe to the mystery of reading…

Les bibliophiles trouvent ici l'édition recherchée

Booklovers can find the edition they've been searching for here

Au Clown de la République

Farces et attrapes, cotillons, costumes, feux d'artifice, maison fondée en 1937

Jokes, tricks, party favours, costumes, fireworks, house founded in 1937

11, bd Saint-Martin
01 42 72 73 73
www.location-de-costumes.com
Métro : Temple, République

3e

Avec sa vitrine haute en couleurs changeant au fil des saisons, le Clown de la République est un régal pour les amateurs de déguisements. Et pour les plaisantins en panne d'idées, le magasin est une mine !

With its very colourful window display which changes according to the season, the Clown de la République is a real delight for people who love to dress up. And for jokers who have run out of ideas this shop is a gold mine !

Radio Ciné Rire

Créé en 1937 par la famille Gentile, « Radio Ciné Rire » commercialisait des appareils électriques et de TSF. Pour quelques sous, les badauds s'y payaient une « audition », écoutant des airs avec deux tuyaux sur les oreilles. Vers 1950, la maison a développé le rayon musique et vendu des billards. Prenant la succession de son père, François Gentile a lancé la location de costumes ainsi que la vente d'articles de fêtes, feux d'artifice, farces, attrapes et déguisements.

Un vrai carnaval

On ne s'ennuie jamais ici ! Les vendeuses s'affairent toute l'année car les gens adorent se travestir ! Le costume qui a le plus de succès chez les messieurs, c'est celui de marquis, avec jabot et dentelles. Les dames aiment les beaux atours, et les enfants sont grands consommateurs de costumes de Zorro, Batman, Star Trek et Dark Vador. Pour les grands carnavals, de Nice ou de Venise, on peut louer de somptueux habits.

Radio Ciné Rire

Created in 1937 by the "Gentile" family, "Radio Ciné Rire" commercialised electrical equipment and TSF. For a few coins, onlookers paid for an "audition", listening to music with tubes on their ears. Around 1950, the shop had developed its music section and sold billiards. Succeeding his father, François Gentile launched a costume hire service as well as the sale of party articles, fireworks, jokes, tricks and disguises.

A real carnival

You would never get bored here ! The staff are busy all year round as people adore dressing up ! The most popular costume with men is that of the Marquis, with ruffles and lace. The ladies prefer beautiful finery and the children are big consumers of Zorro, Batman, Star Trek and Darth Vader costumes. For the big carnivals such as Nice or Venise you can hire sumptuous disguises.

Costumes et farces pour tous dans cette joyeuse boutique

Costumes and jokes for all in this cheerful boutique

Bonne blague d'antan !

Le catalogue du Clown aligne 6 000 articles qui ne rentrent pas tous dans la boutique, c'est dire s'il y a le choix entre les masques, les perruques, des centaines de costumes, des accessoires divers, parmi lesquels les faux poils et les dents de vampire ont toujours du succès. Les nostalgiques se régalent avec la pâte à prout, les boules dégueu, le sucre flotteur à araignée, les allumettes explosives, le poil à gratter, le coussin péteur !

A good old fashioned joke !

The catalogue of "Clown" offers 6, 000 articles which cannot all be found in the shop due to lack of space. That is to say that there is a wide choice of masks, wigs, hundreds of costumes, assorted accessories, among which fake hair and vampire teeth are always a huge success. Those nostalgic for schoolboy jokes have fun with fart putty, floating sugar with spiders in, exploding matches, itching powder and fart cushions !

ARTICLES ET SPÉCIALITÉS / PRODUCTS SOLD

En vente, tous articles de fête : perruques, maquillage, masques, farces et attrapes, artifices et feux d'artifice (selon législation), magie, cotillons, décoration, chapeaux, accessoires, ballons et gonfleur hélium, panoplies pour goûters d'enfants, cours et spectacles de magie. En exclusivité : articles de jonglerie.

En location : 5 000 costumes et accessoires – toutes époques de l'Antiquité à nos jours, et tous thèmes (cinéma, science-fiction, Halloween, animaux, etc.).

On sale all kinds of party articles : wigs, make up, masks, jokes and tricks, fireworks (according to legislation), magic, party favours, decorations, hats, accessories, balloons and helium pumps, outfits for childrens' parties, magic lessons and shows. In exclusivity, articles for juggling.

For hire : 5,000 costumes and accessories from all periods of history to present day and all themes (cinema, science-fiction, Halloween, animals, etc.).

À l'Olivier

Maison d'huiles alimentaires, créée en 1822

House of edible oils, created in 1822

4e

23, rue de Rivoli
01 48 04 86 59
www.alolivier.com
Métro : Saint-Paul, Hôtel-de-Ville

Les cinéphiles auront une pensée émue à la vision des deux jarres postées dans la boutique « À l'Olivier », un des premiers lieux parisiens à proposer des huiles de qualité. Ces antiquités ont servi au film *Ali Baba et les 40 voleurs,* (1954, Jacques Becker) avec Fernandel.

Cinema lovers will be moved by the sight of the two jars found in the boutique "À l'Olivier", one of the first places in Paris to propose quality oils. These antiques were used in the film Ali Baba and the 40 thieves, (1954, Jacques Becker) with Fernandel.

Un très ancien commerce

Dans ce vieux magasin au cœur du Marais, M. Popelin puis, son gendre, M. Calmet, vendaient des huiles étranges aux vertus thérapeutiques : huile de foie de morue, huile de coco, huile de pied de bœuf ou de cade. De 1867 à 1889, ils ont obtenu des médailles aux Expositions universelles. Dans les années 1970, la vogue de l'huile d'olive a redonné une seconde jeunesse à la maison. Reprise en 1978 par Jean-Claude Blanvillain, elle est dirigée maintenant par ses fils Benoît et Jérôme.

Couleurs et saveurs ensoleillées

La surface de la boutique a été doublée tout en respectant le style d'origine avec des tomettes au sol. Il y a 200 ans, l'huile était conservée dans les jarres que l'on enfouissait dans la terre. Elle est à présent contenue dans de grandes cuves étincelantes d'où on la tire avec un piston. La maison réédite, à l'ancienne, des bidons métalliques et les bouteilles de grès gravées de l'écusson pour une gamme baptisée 1822 où sont regroupés ses meilleurs crus.

A very ancient commerce

In this old shop in the heart of the Marais, M. Popelin and his son-in-law, M. Calmet, sold strange oils with therapeutic virtues, cod liver oil, coconut oil, ox-foot oil or juniper tar oil. From 1867 to 1889 they obtained medals at Universal Exhibitions. During the 1970s, olive oil became fashionable and gave a second breath of life to the house. Taken over in 1978 by Jean-Claude Blanvillain it is now run by his sons Benoît and Jérôme.

Sunshine colours and tastes

The surface of the boutique has been doubled in a tasteful way, respecting the original style with terracotta floor tiles. Two hundred years ago, oil was stored in jars which were then buried underground. It is presently held in large shiny vats from where you pull it using a piston. The house has brought out, in old fashioned style, metallic cans and bottles in stonewear, bearing the house crest for a range known as "1822" which groups together the best vintages.

ARTICLES ET SPÉCIALITÉS / PRODUCTS SOLD

Bidons d'argent : huiles d'olive de la Méditerrannée, AOC françaises, Italie, Espagne, Grèce.

Bidons orange : huiles de noix et de graines (sésame, citrouille, argan, noisette).

Bidons rouges : huiles d'olive aromatisées tomates, épices, wok.

Bidons verts : huiles d'olive aromatisées : citron, aneth, thym, basilic, truffe, cèpes, gingembre…

Vinaigres balsamiques à la pulpe de fruit : framboise, mangue, cassis, poivron.

Épicerie fine : olives, anchoïade, rouille, caviar d'aubergines, tapenade, sardines à l'huile.

Arts de la table : récipients, couverts et mortiers en bois d'olivier, moulins de table. Livres.

Silver cans : Mediterranean olive oil, AOC French, Italian, Spanish & Greek AOC.

Orange cans : nut and seed oils (sesame, pumpkin, argan, hazelnut).

Red cans : flavoured olive oil, tomatoes, spices, wok.

Green cans : flavoured olive oil, lemon, dill, thyme, basil, truffle, porcini mushrooms, ginger…

Balsamic vinegars with fruit pulp : raspberry, mango, blackcurrant, sweet pepper.

Fine groceries : olives, anchoiade, rouille sauce, eggplant caviar, tapenade, sardines in oil.

Table arts : containers, cutlery and mortars in olive wood, salt and pepper mills. Books.

À L'OLIVIER A DONNÉ SES LETTRES DE NOBLESSE AUX HUILES DE MÉDITERRANÉE.
À L'OLIVIER HAS GIVEN A NOBLE STATUS TO MEDITERRANEAN OILS

La tradition de la Mère Goutte

La réputation de la maison tient à la Mère Goutte dont la tradition remonte au siècle dernier. C'est la première goutte prélevée à froid des olives fraîchement concassées, une huile d'olive vierge de grande qualité. Elle est entourée ici de ses jeunes sœurs méditerranéennes, plus vertes et plus poivrées, plus ardentes. La marque À l'Olivier commercialise plus d'une cinquantaine d'huiles, à déguster en versant quelques gouttes sur du pain grillé, comme on le fait dans le Midi.

The tradition of the "Mère Goutte" (Mother Drop)

The house reputation is thanks to "Mère Goutte" a tradition which goes back to the last century. It is the first drop of a sample taken cold from olives freshly crushed, a virgin olive oil of great quality. It is surrounded here by its young mediterranean sisters, greener and more peppery, more fiery. The brand "À l'Olivier" commercialises more than fifty oils which can be tasted by sprinkling a few drops on toasted bread as they do in the South of France.

Mariage Frères

Maison de thé à Paris depuis 1854

House of tea in Paris since 1854

30-32, rue du Bourg-Tibourg
01 42 72 57 25 - 01 42 72 28 11
www.mariagefreres.com
Métro : Saint-Paul, Hôtel-de-Ville

4e

Dans le Marais, au début du siècle, les frères Mariage étaient si connus que l'on appelait la rue du Bourg-Tibourg où se trouvait leur comptoir « rue Mariage ». Depuis, la maison Mariage Frères entretient la légende et l'art du thé, ce spirituel breuvage venu du Céleste Empire.

In the Marais at the beginning of the century the Mariage brothers were so well known that the rue du Bourg-Tibourg, where their tea counter was situated, was known as "rue Mariage". Since then, the Mariage Frères house keeps the legend of the art of tea alive, this spiritual beverage coming from the Celestial Empire.

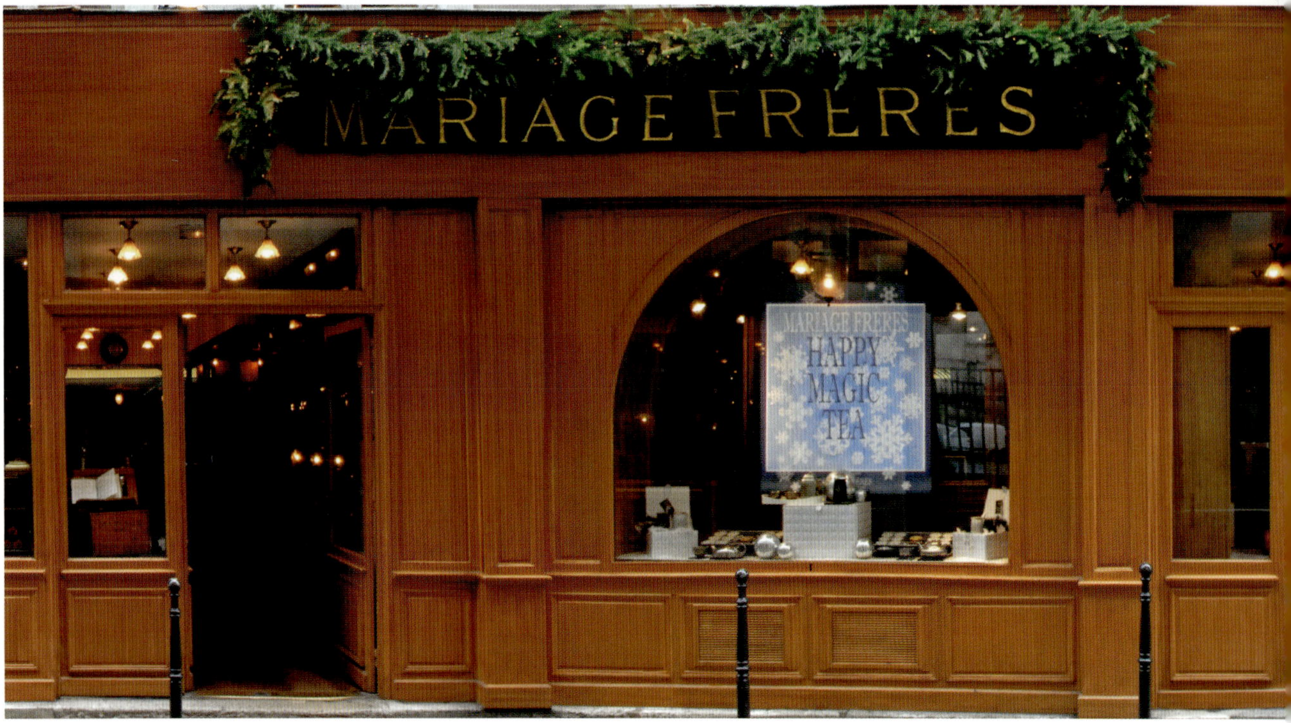
MARIAGE FRERES
MARIAGE FRERES
HAPPY
MAGIC
TEA

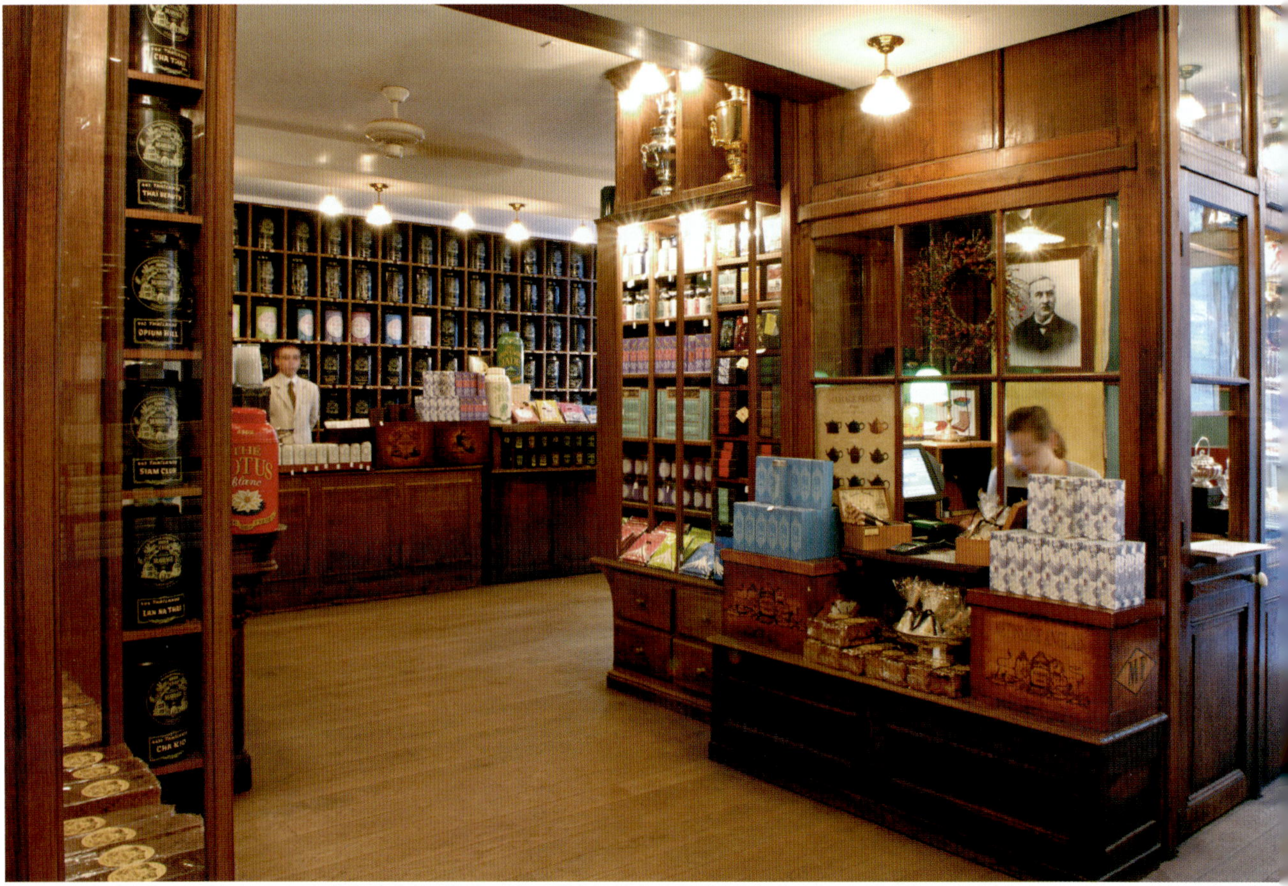

Sur la route du thé

Le thé est introduit au XVIIe siècle, par Nicolas et Pierre Mariage auprès de la cour de Louis XIV. Un siècle plus tard, Jean-François Mariage monte un négoce de thé à Lille avec ses quatre fils. En 1854, Édouard et Henri fondent à Paris la maison qui porte leur nom. En 1983, Marthe Cottin, petite-fille d'Henri vend la boutique à un jeune Thaïlandais, Kitti Cha Sangmane, qui s'associe avec Richard A. Bueno, un Néerlandais.

Ambiance de comptoir colonial

Sous leur impulsion, la maison Mariage se réinstalle dans sa rue d'origine, avec ses caisses de thé de Chine, ses balances, ses tamis, les boiseries, le comptoir colonial et l'ancienne caisse, un mobilier imprégné de senteurs séculaires. Un salon de thé a été aménagé dans un décor colonial sous une verrière au charme discret. Au premier étage, se tient un pittoresque musée dédié à l'art du thé où l'on admire d'anciens services à thé et des *tea caddy.*

Un art devenu international

Connu pour son « art français du thé » dans le monde entier, Mariage a un catalogue exceptionnel réunissant 500 thés de 35 pays. Ses boîtes noires imprimées de la médaille dorée recèlent des produits rares. Il propose de délicats mélanges, à l'appellation exclusive, alliant les meilleurs crus des plus grands jardins.

On the tea road

Tea was introduced in France in the 17th century by Nicolas and Pierre Mariage in the court of Louis XIV. A century later, Jean-François Mariage started a tea business in Lille with his four sons. In 1854, Édouard and Henri founded the house that bears their name in Paris. In 1983, Marthe Cottin, Henri's grand-daughter sold the boutique to a young man from Thailand, Kitti Cha Sangmane, who is in partnership with Richard A. Bueno, a Dutchman.

Ambiance of a Colonial counter

Under their own impulsion the Mariage house is now reinstalled on its street of origin complete with its chests of tea from China, its scales, sieves, wood panelling, Colonial counter and antique till, furniture steeped in ancient traditions. A tea room has been laid out in a Colonial style under a charmingly discreet veranda. On the first floor is a very picturesque museum dedicated to the art of tea where you can admire antique tea sets and caddies.

An art which has become international

Known worldwide for its "French art of tea", Mariage has an exceptional catalogue proposing 500 blends of tea from 35 countries. Their black boxes bearing the gold house medallion contain rare products. They propose delicate mixtures, with exclusive designation of origin, combining the best vintage teas from the most important tea producing gardens.

ARTICLES ET SPÉCIALITÉS / PRODUCTS SOLD

538 thés en vrac : blanc, jaune, vert, vert façonné, bleu, noir, fumé, rouge sans théine, compressé, mûr. **Goût :** agrumes, vanillé, bergamote, fleuri, fruité, jasmin, nature.

Thés d'exception : thé blanc sacré, 35 mousselines de thé ; 13 thés glacés.

Exclusivité 2010 : Darjeeling First Fluch, Gold Himalaya, Lily muguet, Thé au Sahara, Thé des Impressionnistes, Thé de Pâques, Thé vert au Tibet, Sakura, Alexandra David-Néel (mousselines).

Épicerie fine : bonbons au thé, chocolats, sablés. Sel Matcha, au thé vert. Poudre de Jade. Truffes au thé de Pâques.

Théières et tasses, flacons et jarrres à thé. Encens précieux et bougies au thé.

538 loose teas : white, yellow, green, blended green, blue, black, smoked, red theine-free, compressed, blackberry. Flavours : citrus fruits, vanilla, bergamot, floral teas, fruit teas, jasmine, plain.

Exceptional blends : Sacred white tea, 35 muslin tea bags, 13 iced teas.

Exclusivity 2010 : Darjeeling First Flush, Gold Himalaya, Lily Muguet, Thé au Sahara, Thé des Impressionnistes, Happy Queen, Summer Snow, Sakura, Alexandra David-Néel (tea bags).

Fine grocery: tea flavoured sweets, chocolates, shortbreads, green tea flavoured Matcha salt, Poudre de Jade (green tea powder) Easter Tea or Christmas tea, chocolate truffles.

Teapots and cups, caddies and jars of tea. Precious incense and tea-scented candles.

UN MUSÉE RETRACE LA ROUTE DES CARAVANES

A MUSEUM RETRACES THE ANCIENT TEA ROUTE

MARIAGE RÉUNIT UNE FABULEUSE SÉLECTION DE THÉS ET RÉÉDITE DES COFFRETS

MARIAGE REUNITES A FABULOUS SELECTION OF TEAS AND PROPOSES GIFT BOXES

Paul Beuscher

Instruments de musique, édition musicale, lutherie créée en 1850

Musical instruments, musical edition, lute-making created in 1850

4e

27, Boulevard Beaumarchais
01 44 54 36 11
www.paul-beuscher.com
Métro : Bastille, Chemin-Vert

Si la vie s'écrivait en chansons, celle de Paul Beuscher serait une musette. Cette valse populaire a bercé les débuts de cette lutherie devenue une grande maison musicale à deux pas de la place de la Bastille.

If life was written in songs, that of Paul Beuscher would be a "musette" (accordion music). This popular waltz rocked gently the beginnings of this lute-maker which has become a musical "empire" a stone's throw from the place de la Bastille.

Le label de la maison a séduit des générations

The label of this house has seduced generations

Son catalogue de 10 000 titres recèle des succès mondiaux

There catalogue of 10, 000 titles contains many worldwide hits

Au rythme de la valse musette

Quand Hippolyte surnommé « Paul » Beuscher ouvre une lutherie près de la place de la Bastille, il fabrique des accordéons très en vogue en 1900 dans les bals ouverts par les Auvergnats qui s'implantent dans le quartier. L'artisan rajoute l'édition musicale à son commerce. Un vrai succès et une notoriété mondiale développée par Roger Seiller, neveu du fondateur, puis par son fils Philippe, musicien de formation, disparu en 1999. La maison a été reprise en 2006 par le groupe d'édition musicale Henri Lemoine.

Un label international

Le fonds de catalogue Paul Beuscher compte plus de 10 000 titres, certains ont fait l'objet d'adaptations mondiales, comme « La vie en rose » ou « C'est si bon ». Les éditions ont collaboré avec les plus grands auteurs-compositeurs du XXe siècle. Depuis la vague yéyé en 1960, elle s'est spécialisée dans l'importation de guitares américaines légendaires – Gibson, Ovation, Fender – et distribue une gamme d'instruments labellisés partout en France.

In the rhythm of the accordion waltz

Hippolyte, known as "Paul" Beuscher opened a lute shop near to the place de la Bastille. He also made accordions which were very popular at balls around 1900. This artisan added musical editions to his commerce. A real success and worldwide fame developed by Roger Seiller, the nephew of the founder and then by his son Philippe, a trained musician who died in 1999. The house was taken over in 2006 by the group of musical editions Henri Lemoine.

An international label

The catalogue list belonging to Paul Beuscher counts more than 10, 000 titles, certain being the object of international adaptations such as "La vie en rose" or "C'est si bon". Their editions have collaborated with the best known writer-composers of the 20th century. Since the "yéyé" (French pop) wave in the 60s, the boutique specialises in the importation of legendary American guitars, Gibson, Ovation, Fender and distributes a range of brand instruments all over France.

ARTICLES / PRODUCTS SOLD

Instruments de musique : accordéons, harmonicas, pianos, claviers, instruments à cordes, instruments à vent, guitares, batteries, percussions, amplificateurs.

Accessoires : diapasons, métronomes, pupitres.

Librairie musicale : sonorisation studio, informatique musicale.

Partitions : variétés, musique classique, méthode pédagogique, jazz blues, musique de films, pop-rock, tablature guitare.

Musical instruments : accordions, harmonicas, pianos, keyboards, cord instruments, wind instruments, guitars, drums, percussions, amplifiers.

Accessories : tuning forks, metronomes, music stands.

Musical bookshop : PA systems, computer music.

Musical scores : Pop, classical music, teaching methods, jazz, blues, film music, pop-rock, guitar tablature.

Dubois

Magasin de beaux-arts fondé en 1919

Boutique of fine arts founded in 1919

5e

20, rue Soufflot
01 44 41 67 50
www.dubois-paris.com
RER : Luxembourg

Dans ce quartier en ébullition permanente, une joyeuse animation règne chez Dubois. Touristes souhaitant un souvenir, jeunes du quartier, étudiants en école d'Art déco, artistes et écrivains familiers, tous trouvent leur bonheur dans cet univers de couleurs et de formes.

In this area in a permanent state of ebullience, a joyful hustle and bustle reigns at Dubois. Tourists looking for the perfect souvenir, young locals, students from the Art Deco school, well-known artists and writers, all find their happiness in this universe of colours and forms.

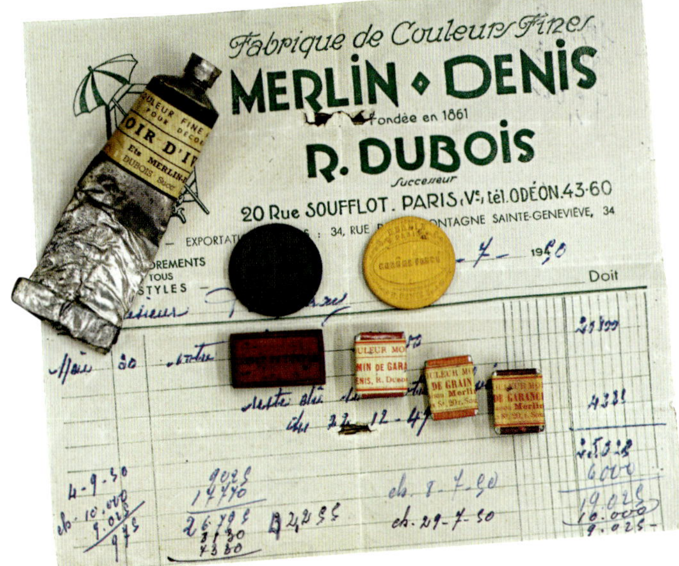

En 1919, Robert Dubois, installa sa fabrique de couleurs dans le sous-sol du magasin rue Soufflot.
In 1919 Robert Dubois, installed his factory of colours in the basement of the rue Soufflot shop

Dans cet univers dédié à l'art, perfection et tradition sont les consignes de la maison

In this universe dedicated to art, perfection and tradition are the orders of the house

Les couleurs de la famille

En 1919, Robert Dubois reprenait la fabrique de couleurs extra-fines Merlin-Denis, fondée en 1861. À sa disparition, en 1942, sa femme, Alice, continua seule, puis, en 1947, son fils, Guy Dubois, poursuivit l'activité fabrication jusqu'en 1960, composant ses matières d'après les acquis du XVe siècle et les dernières révolutions techniques. Un de ses fils, Yves, vint le seconder en 1982. Après la retraite de ce dernier en 1987, Éric a rejoint son frère. C'est lui qui tient maintenant dans le magasin.

The family colours

In 1919, Robert Dubois took on the factory of extra fine Merlin-Denis colours founded in 1861. After his death, in 1942, his wife Alice continued alone, then, in 1947, his son, Guy Dubois, continued the fabrication until 1960, composing his materials on the acquisitions of the 15th century and the latest technical revolutions. One of his sons, Yves, became his right hand man in 1982. After his retirement in 1987, Eric joined his brother and it is he who runs the boutique today.

Le gotha du quartier

La boutique est artistique. Les meubles en bois sont d'origine, ainsi que le plafond, où l'on aperçoit les arrivées de gaz qui alimentaient l'éclairage. La maison peut s'enorgueillir d'avoir reçu, et de recevoir, des peintres célèbres : Matisse, Modigliani, Dubuffet, des contemporains, comme Geneviève Asse, Arrigoni Nerri (peintre publicitaire Art déco des années 1960), Bernard Cathelin (aujourd'hui disparu), Jean-Pierre Raynaud, le dessinateur de BD Joann Sfar, le photographe Marc Riboud, des architectes, des prix Nobel.

Conseils de pro

Ariane et Michelle guident les clients. Elles s'affairent dans la boutique depuis près de trente ans et connaissent les milliers de références par cœur, fidèles à la culture de la maison : la perfection et la tradition. Ces qualités se retrouvent dans les marques anciennes ou modernes. La maison promeut de nouvelles matières, des acryliques, des matériaux hybrides comme les alkydes. Les mêmes critères s'appliquent aux toiles et aux papiers : le Ruscombe, grand crû fabriqué à la main à Margault, est un produit haut de gamme.

A house of nobility

The boutique is artistic. The wooden furniture is all original, as is the ceiling where we can just see the gas pipes which powered the lighting. The house can be proud to have received and to continue to do so, famous artists, Matisse, Modigliani, Dubuffet, modern artists like Geneviève Asse, Arrigoni Nerri (publicity painter of Art Deco from the 1960s), Bernard Cathelin (unhappily no longer with us), Jean-Pierre Raynaud, the artist of the comic books "Joann Sfar", photographer Marc Riboud, architects, Nobel prize winners.

Professional advice

Ariane and Michelle guide their customers. They have been in the boutique for almost thirty years and know thousands of references by heart, faithful to the house culture, perfection and tradition. These qualities can be found in both ancient or modern brands. It promotes new materials, acrylics, hybrid materials such as alkydes. The same criteria applies to canvas and paper, the Ruscombe, a hand made speciality from Margault is a top of the range product.

ARTICLES ET PRODUITS / PRODUCTS SOLD

Marques de couleurs extra-fines toutes techniques : Blocks, Clouet, Daler Rowney, Fragonard, Maimeri Puro, Old Holland, Pébéo Rembrandt, Restauro, Sennelier, Windsor & Newton, Restauro.

Supports, en blocs, en feuilles, toiles au mètre, chassis entoilés. Pinceaux, brosses, plumes, calligraphie, albums moleskine, cartables. Livres et cassettes.

Montres et horloges « L'œil du temps ».

Artisanat : mannequins en bois, les « Léociens » ; maquettes d'architecture, escalier, set, dômes en cerisier ; modèles en plâtre ; chevalets.

Brands of extra-fine colours for all techniques Blocks, Clouet, Daler Rowney, Fragonard, Maimeri Puro, Old Holland, Pébéo Rembrandt, Restauro, Sennelier, Windsor & Newton, Restauro.

Supports, pads, sheets, canvas by the metre, canvas covered easels. Brushes, feathers, calligraphy, moleskine albums, satchels. Books and cassettes.

Watches and clocks "L'œil du temps".

Craft articles : wooden mannequins, architectural models, escalier, set, dômes in cherry wood ; plaster models, easels.

Lhopitallier

Pharmacie fondée en 1749
Pharmacy founded in 1749

5e

3, rue Soufflot
01 43 54 36 33 - 09 61 68 00 35
RER : Luxembourg

En plein Quartier latin, cette pharmacie suscite, depuis un siècle et demi, l'admiration des habitants du voisinage, des universitaires et des promeneurs. Roger Lhopitallier veille jalousement sur son officine qui est dans la famille depuis 1892.

In the centre of the Latin Quarter this pharmacy has elicited, for a hundred and fifty years now, the admiration of all the people living in the neighbourhood, academics and walkers. Roger Lhopitallier watches jealously over his dispensary which has been in his family since 1892.

LHOPITALLIER
PHARMACIE
RMS
ANALYSES

Francs Centimes

Un trésor historique

L'officine fut créée en 1749 rue de la Montagne-Sainte-Geneviève puis déménagea rue Soufflot en 1857. Venu de Touraine, Octave Lhopitallier, grand-père de l'actuel pharmacien, racheta en 1892 le fond de M. Monnier, héritant d'un vrai trésor abrité par la pharmacie : des alambics du XVIIIe siècle miraculeusement sauvés de la destruction et une bassine de cuivre qui avaient servi à la préparation de la thériaque, remède magique venu des Romains. Henri Lhopitallier, qui dirigea l'officine pendant cinquante ans (1922-1972), avait une belle prestance et recevait ses clients vêtu d'un habit de velours.

Un décor de musée

Au pied d'un immeuble second Empire, la façade est classée. En vitrine, on voit encore une grosse boule jaune d'apothicaire. Une splendide caisse enregistreuse en bronze doré qui date de 1912 trône sur le comptoir. Des dizaines de bocaux de verre s'alignent sur les étagères, revêtus des couleurs impériales de leur époque. Le laboratoire n'a pas changé : carrelage et évier de pierre d'autrefois, sol aux pierres usées par le temps avec, au milieu, une rigole recouverte d'une plaque de métal. C'est par là que la boutique s'alimentait en eau courante.

A historic treasure

This pharmacy was created in 1749 in rue de la Montagne-Sainte-Geneviève and moved to rue Soufflot in 1857. Coming from Touraine, Octave Lhopitallier, grand-father of the actual pharmacist, bought the business from M. Monnier in 1892, inheriting a real treasure along with the dispensary, stills from the 18th century, miraculously saved from destruction and a copper basin which was used for the preparation of theriak, a magical remedy dating from Roman times. Henri Lhopitallier, who ran the dispensary over fifty years (1922-1972) had great presence and received customers dressed in velvet.

A museum decoration

At the foot of a Second Empire building. The facade is classed. In the window you can still see the large yellow apothecary ball. A splendid cash register in gilded bronze dating from 1912 thrones on the counter. Dozens of glass jars are lined up on the shelves, covered with the Imperial colours of the day. The laboratory hasn't changed at all, tiles and stone basin from another era, stone floor worn by time with, in the centre, a channel recovered in metal plate. This is how the boutique got its running water.

Une antique caisse enregistreuse trône sur le comptoir d'époque

An antique cash register thrones on the period counter

Ces alambics du XVIIIe servaient à préparer la thériaque

These stills from the 18th century were used to prepare the theriac

Shakespeare and Company

Librairie anglo-américaine fondée en 1951

An Anglo-American bookshop founded in 1951

5e

37, rue de la Bûcherie
01 43 25 40 93
www.shakespeareandcompany.com
Métro : Cluny-La Sorbonne

Ce lieu incontournable de la littérature anglo-américaine brasse étudiants, flâneurs et intellectuels. En face de Notre-Dame et près du plus vieil arbre de Paris, Sylvia Whitman, la fille du fondateur, les reçoit dans un style toujours accueillant et bohême.

This incontrovertible address for Anglo-American literature is always full of students, browsers and intellectuals. Opposite Notre-Dame and near to the oldest tree in Paris, Sylvia Whitman, daughter of the founder, receives them in a welcoming and bohemian style.

SPEARE AND COMPANY

ACTIVITÉS / ACTIVITIES

Vente et achat de livres neufs et d'occasion en langue anglaise : littérature, essais, poésie, philosophie, beaux-arts, guides.

Ateliers de lecture et d'écriture. Rencontres d'écrivains. Clubs de littérature. Conversation anglaise.

Festivaland, 5e édition en juin 2012.

Buying and selling of new and secondhand books in the English language, literature, essays, poetry, philosophy, beaux-arts and guides.

Reading and writing workshops. Meetings with writers. Literature clubs. English conversation.

Festivaland, 5th edition will be in June 2012.

Une légende

En 1951, George Whitman, venu de Salem (Mass., USA), ouvrit une librairie dans un vieil immeuble XVIIe, reprenant le nom de celle de Sylvia Beach, qui était avant la Première Guerre mondiale au 12 rue de l'Odéon. Elle ne l'avait jamais rouverte après sa déportation. Poète à ses heures, il se construisit une figure de légende, ouvrit sa porte à tous les écrivains de passage, leur offrant le gîte et le couvert à condition de lire un ouvrage par jour. Le lieu devint une institution où Laurence Durrell, Anaïs Nin, Henry Miller et Paul Auster se firent découvrir au public parisien. Depuis 2004, sa fille Sylvia continue dans le même esprit.

Ici, les anges ont le droit de cité

La visite de la boutique est un rite : faire un vœu en jetant une pièce dans le puits, escalader l'escalier en colimaçon, pousser une vieille porte en bois pour accéder au paradis de la littérature anglophone et américaine, la bibliothèque historique de G. Whitman. James Joyce et Henry Miller voisinent avec Noam Chomsky, Anaïs Nin, Truffaut, Iris Murdoch. Ils figurent sur les murs pour l'éternité. Des montagnes de livres s'entassent dans tous les coins. Des inscriptions, des ex-voto, des photos collées sur les miroirs sont la preuve d'une vie intense et d'une ébullition intellectuelle permanente.

Mythique et d'avant-garde

Sylvia Whitman entretient l'esprit avant-gardiste et hospitalier de la maison. Chaque semaine, elle convie des auteurs anglo-américains à lire leurs œuvres devant un public d'inconditionnels dans la pittoresque salle du premier étage. Elle est aussi l'initiatrice de Festivaland, un festival bi-annuel qui se tient trois jours en juin sous un chapiteau installé dans le square Viviani. Pas une semaine sans qu'un événement n'ait lieu dans la librairie qui diffuse une newsletter mensuelle.

A legend

In 1951 George Whitman, from Salem (Massachusetts, USA), opened a bookshop in an old 17th century building, taking its name from Sylvia Beach's bookshop, which was at 12 rue de l'Odéon before the First World War. She never opened again after her deportation. Poet in his day, he became a figure of legend, opening his doors to passing authors, offering them accommodation on the condition they read one work a day. The place became an institution where Laurence Durrell, Anaïs Nin, Henry Miller and Paul Auster came to be discovered by the Parisian public. Since 2004, his daughter Sylvia continues in the same spirit.

Here, the angels have the right to quote

The visit of the boutique is a rite, make a wish and throw a coin into the fountain, climb the spiral staircase, push open the old wooden door to reach the paradise of Anglo-American literature, the historic bookshop of G. Whitman. James Joyce and Henry Miller as well as Noam Chomsky, Anaïs Nin, Truffaut, Iris Murdoch. They figure on the walls for eternity. Mountains of books piled up in every corner. Inscriptions, votive offerings, photos stuck on the mirrors are the proof of an intense life and a permanent intellectual ebullience.

Mythical and cutting edge

Sylvia Whitman continues the avant-gardist and welcoming atmosphere of the house. Each week she invites Anglo-American authors to read their works to an unconditional public in the picturesque room on the first floor. She is also the initiator of Festivaland, a festival held for three days in June every other year under a marquee installed in the square Viviani. Not a week goes by without an event in the bookshop which diffuses a monthly newsletter.

Un lieu mythique sur lequel veille la fille du fondateur
A mythical place watched over by the daughter of the founder
« Ici, c'est le paradis enchanté des livres », dira Henry Miller
"Here is the enchanted paradise of books", said Henry Miller

Ivoire

Magasin de sculpture, réfection de l'ivoire, fondé en 1913

Boutique of sculpture, reparation of ivory, founded in 1913

6e

57, rue Bonaparte
01 43 54 71 09
Métro : Saint-Sulpice

Au beau milieu d'un Saint-Germain-des-Prés effervescent, Pierre Heckmann fait de la résistance. Il est quasiment le seul à Paris à perpétuer un artisanat en voie de disparition, la sculpture et la restauration d'objets en ivoire, en nacre et en os.

Right in the centre of a seething Saint-Germain-des-Prés, Pierre Heckmann shows his resistance. He is practically the only person in Paris to perpetuate a dying craft, the sculpture and the restauration of objects in ivory, mother of pearl and bone.

OIRE
URE.SUR.IVOIRE.
57
HECKMANN
VISA

Ces outils viennent de l'atelier de Dieppe et datent du XIXe siècle
These tools come from the workshop in Dieppe and date from the 19th century
À 87 ans, Pierre Heckmann a décidé de continuer cet artisanat unique
At the age of 87, Pierre Heckmann has decided to continue his unique craft

ARTICLES ET SPÉCIALITÉS / PRODUCTS SOLD

Pièces religieuses, christs, statues de la Vierge.

Œuvres de collection anciennes françaises et d'Extrême-Orient.

Miniatures de Dieppe, statuettes japonaises, bouddhas et figurines chinoises, bilboquets, goélettes.

Colliers et bracelets en ivoire, nacre…

Religious pieces, Christs, statues of the Virgin Mary.

Works from ancient French and Far Eastern collections.

Miniatures from Dieppe, Japanese statuettes, Buddhas and Chinese figurines, cups and balls, schooners.

Necklaces and bracelets in ivory, mother of pearl and semi-precious stones.

Une histoire lointaine

Dans le port de Dieppe où l'on travaillait l'ivoire rapporté d'Afrique, il y avait, à la fin du XIXe siècle, un artisan nommé Éphège Heckmann. Son fils, Henri, s'installa à Paris et fonda, en 1913, la boutique actuelle entre les églises Saint-Germain-des-Prés et Saint-Sulpice. Jusque dans les années 1960, il n'était pas le seul artisan d'ivoire dans la capitale. À l'époque, chaque famille catholique possédait au moins un christ ou une vierge en ivoire et la boutique employait une dizaine de personnes.

Décor et ambiance

En vitrine, l'artisan travaille à la lueur d'une boule remplie d'une solution de sulfate de cuivre dont les rayons qui la traversent irisent les détails des pièces sculptées. À l'intérieur, le décor est simple, inchangé depuis la dernière réfection, en 1937. Le comptoir, le bureau en bois et les vitrines sont d'origine. La cave, moulue par les ans, conserve un degré d'hygrométrie idéal qui évite à l'ivoire de se dessécher.

Un savoir-faire unique

Pierre Heckmann, garde bon pied bon œil à l'âge de 87 ans. Formé à l'école des Beaux-Arts, il s'est spécialisé dans la sculpture de christs en ivoire. Mais la matière est devenue rare depuis que la Convention de Washington de 1973 a interdit la commercialisation des défenses d'éléphant. Aussi fait-il surtout de la restauration pour des collectionneurs. On vient de toute l'Europe lui confier un crucifix à la fine couronne ébréchée, un sabre japonais, une jambe cassée de samouraï ou un bracelet de luxe.

A far away history

In the port of Dieppe where they worked ivory brought from Africa, there was, at the end of the 19th century, an artisan named Éphège Heckmann. His son, Henri, moved to Paris and founded, in 1913, the actual boutique between the churches Saint-Germain-des-Prés and Saint-Sulpice. Right up until the 1960s, he wasn't the only ivory craftsman in the capital. At that time every catholic family possessed at least one Christ or an ivory Virgin and the boutique employed about ten people.

Decoration and ambiance

In the window, the artisan works by the light of a ball filled with a solution of copper sulphate which the rays pass through making the details of the pieces sculpted iridescent. Inside the boutique, the decor is simple, unchanged since the last overhaul in 1937. The counter, a wooden desk, and the windows are original. The cellar, worn down by the years, conserves an ideal degree of hygrometry which prevents the ivory from drying out.

A unique "savoir-faire"

Pierre Heckmann is still in fine form at the age of 87. Trained at the school of Beaux-Arts, he specialised in the sculpture of ivory Christs. However the material has become rare since the Convention of Washington in 1973 banned the commercialisation of an elephant's defences. He now mainly restores figures for collectors. People travel from all over Europe to entrust their finely worked crucifix, a Japanese sabre, the broken leg of a samouraï or a luxurious bracelet to his capable hands.

Au Plat d'Étain

Soldats de plomb, figurines, maison fondée en 1775

Lead soldiers, figurines, house founded in 1775

6e

16, rue Guisarde
01 43 54 32 06
Métro : St-Germain-des-Prés, St-Sulpice
www.auplatdetain.com

À l'origine, les figurines étaient plates et en étain, d'où le nom de cette boutique de soldats de plomb. Ces petites œuvres d'art intéressent les collectionneurs et des amateurs de souvenirs.

Originally the figures were flat and made of tin, which explains the name of this boutique of lead soldiers. These small works of art interest collectors and people who love childhood memories.

Une tradition lointaine

Le nom de CBG Mignot apparaît en 1785. Mais c'est Henri Mignot, ancien officier de cavalerie et grand amateur de soldats d'étain, qui donna son véritable essor à la société (1912 à 1965). Sa fabrique se tenait dans le quartier du Temple. Il racheta « Le Plat d'Étain », fabrique de soldats de plomb fondée en 1780 dont les petits sujets se reconnaissent à leur marque, une abeille placée sous leur socle. Sous sa direction, une boutique fut créée rue du Vieux-Colombier près de Saint-Sulpice. Lors du dernier changement de propriétaire, elle s'est installée rue Guisarde.

A far away tradition

The name of CBG Mignot appeared in 1785 but it was Henri Mignot, ancient cavalry officer and collector of tin soldiers who really got this business off the ground (1912 until 1965). His factory was in the Temple area. He bought "Le Plat d'Étain", factory of lead soldiers founded in 1780 of which their small subjects could be recognised by their mark, a bee placed under the socle. Under his direction, a boutique was created rue du Vieux-Colombier near to Saint-Sulpice. Since the last changement of owner it can be found in rue Guisarde.

Une passion héréditaire

Des générations entières ont joué aux petits soldats de plomb, une passion qui se transmet de père en fils. Toute l'histoire défile sur les étagères du Plat d'Étain, sa grande spécialité étant l'Empire. Outre la Grande Armée, des bataillons entiers de l'armée française sont exposés, élégants dragons, grenadiers en bonnets d'ourson, timbaliers de la Garde, fantassins en fameux bleu horizon. Ici, une voiture de pompiers vole au secours d'un char romain, non loin du carrosse du couronnement de la reine d'Angleterre (1963), une pièce commémorative.

A hereditary passion

Entire generations of children haved played with lead soldiers, a passion transmitted from father to son. All of history marches by on the shelves of "Plat d'Étain", its main speciality being the Empire. Other than the "Grande Armée", entire batallions of the French Army, elegant dragoons, grenadiers in bearskin hats, drummers of the Guard and foot soldiers in their famous sky blue are displayed. Here a fire engine rushes to the aid of a Roman chariot, nearby is the coronation coach of the Queen of England (1963) a commemorative piece.

Stratèges de tous âges collectionnent les délicates figurines

Strategists of all ages collect the delicate figurines

Hauts faits historiques et familiers défilent dans les vitrines

Important and familiar historical events parade in the windows

ARTICLES ET SPÉCIALITÉS / PRODUCTS SOLD

Figurines, attelages, décors de marque CBG Mignot : Antiquité, Moyen Âge, Ancien Régime, Empire, 1914-1918, Pompiers, Animaux, Cirque, Chasse à courre.

Séries limitées, dioramas, coffrets-vitrines « Les Rois de France » ; coffret de 12 figurines « La musique du 3e régiment de Grenadiers » (ex-Hollandais).

Autres gammes : Lucotte, Soldats-jouets de Tradition of London (Moyen Âge, Empire, Guerre de Sécession, 1re Guerre Mondiale) ; Marlborough ; John Eden Studios.

Figurines, horse drawn carrriages, decors of the CBG Mignot label, Antiquity, Middle Ages, Ancient Regime, Empire, 1914-1918, Firemen, Animals, Circus, Hunting.

Limited series, dioramas, display cases "The Kings of France" ; a set of 12 figurines "The music of the 3rd regiment of Grenadiers" (ex-Dutch).

Other ranges : Lucotte, toy soldiers by Tradition of London (Middle Ages, Empire, War of Succession, 1st World War) ; Marlborough ; John Eden Studios.

Poilâne

Boulangerie fondée en 1932

Bakery founded in 1932

8, rue du Cherche-Midi
01 45 48 42 59
www.poilane.fr
Métro : Saint-Sulpice, Sèvres-Babylone

6e

Difficile de résister à l'odeur de bon pain et de tarte chaude quand vous entrez chez Poilâne ! D'allure modeste, la boutique distribue ses produits dans le monde entier et le « P » de la miche maison figure au menu des meilleures tables.

Difficult to resist the smell of fresh warm bread and hot tarts when you enter the bakery Poilâne ! Of modest allure, the boutique distributes its products all over the world and the "P" of the round house loaf can be seen on all the best tables.

Poilâne

Un entrepreneur visionnaire

En 1932, un boulanger normand, Pierre Poilâne, s'installe à Saint-Germain-des-Prés. Dans la cave d'un ancien monastère, il met un four à bois pour fabriquer des miches de pain, fait de farine moulue à la meule et d'un levain naturel, selon la tradition ancestrale. En 1970, son fils Lionel, apprenti dès l'âge de 14 ans, prend sa succession. Entrepreneur visionnaire, il construit à Bièvres une manufacture ultramoderne de forme ronde avec 24 fours à bois, développe l'entreprise à travers le monde. Depuis sa disparition en 2002, sa fille aînée Apollonia, formée elle aussi en compagnonnage, assure son héritage.

Simple et champêtre

La boutique est telle depuis 1932, avec sa devanture de briques rouges, une huche à pain servant de comptoir, et un vaste panneau en verre dépoli gravé d'une scène rurale. Derrière, les murs de la salle de réunion sont couverts de tableaux représentant la miche Poilâne, des toiles que les artistes ont échangées contre du pain. Au plafond, un tortueux chandelier en pâte à pain est le vestige d'une chambre à coucher comestible réalisée par Lionel Poilâne pour Salvador Dali.

A visionary entrepreneur

In 1932 a baker from Normandy, Pierre Poilâne, set up in Saint-Germain-des-Prés, in the cellar of an ancient monastery. He installed a wood oven for baking his loaves, made with flour ground at the mill and natural leaven, following ancestral traditions. In 1970 his son Lionel, apprentice since the age of 14, took over the succession. Visionary entrepreneur, he built a very modern factory in a round form with 24 wood ovens at Bièvres and developed the business across the world. Since his death in 2002 his eldest daughter Apollonia, also trained by apprenticeship, assures the heritage.

Simple and rural

The boutique has remained the same since 1932 with its red brick front, a bread bin serves as a counter and a vast sign in frosted glass shows a rural scene. Behind, the walls in the meeting room are covered in pictures representing the round Poilâne loaf, canvases that artists exchanged for bread. On the ceiling, a winding chandelier in dough is the remains of an edible bedroom realised by Lionel Poilâne for Salvador Dali.

C'est le temps qui fait la qualité du pain Poilâne

It's the time which makes the quality of Poilâne bread

Une appellation protégée

Sous l'appellation « Poilâne », Lionel a protégé la recette traditionnelle de son pain : farine broyée à la meule de pierre, contenant 15 % d'épeautre – ancêtre du blé –, des levains naturels, du sel de Guérande et, surtout, du temps pour laisser reposer la pâte. Il se passe 6 heures pour que la miche de 1,9 kg sorte du four, incisée du « P » de Poilâne. Ce processus lui donne son goût inimitable et sa formidable durée de conservation (une semaine).

A protected name

Under the name "Poilâne", Lionel has protected the traditional recipe for his bread, flour ground on a stone mill, containing 15 % of spelt wheat, an ancestor of wheat, natural leavens, Guérande salt and, most important, time for the dough to rest. Six hours are necessary for a loaf of 1,9 kg to come out of the oven with the incision "P" for Poilâne. This process gives it an unmistakable taste and a really long conservation (one week).

PRODUITS / PRODUCTS SOLD

Miches de 1,9 kg (au poids) ; Pains spéciaux (seigle, pavés aux raisins). Miche décorée (cœurs) ; Pain-coussin. Pains individuels au levain décorés à la commande (prénoms, alliances, épis de blé).

Spécialités : Tarte aux pommes, Punitions (biscuits sablés). Bécot Clicquot, biscuit apéritif créé en 2010.

Accessoires : boîtes à pain, couteaux à pain, bannetons, pannetières, bols.

Livre : « Le pain par Poilâne », Le Cherche-Midi Éditeur.

Loaves of 1,9 kg (bought by weight), Special bread (rye, currant bread). Decorated loaves (hearts), Bread-cushion. Individual loaves to order (names, weddings, ear of corn).

Specialities : Apple tart, "Punitions" ("Punishments" , shortbread). Bécot Clicquot, an aperitif biscuit created in 2010.

Accessories : Bread bins, bread knives, bread baskets, bowls.

Book : "Le pain par Poilâne", Le Cherche-Midi Éditeur.

Librairie Clavreuil – F. Teissèdre

Librairie ancienne et historique, fondée en 1878

Ancient and historic bookshop, founded in 1878

37, rue Saint-André-des-Arts
01 43 26 71 17
www.clavreuil.fr
Métro : Saint-Michel

6e

Au Quartier latin, la librairie historique Clavreuil attire des intellectuels et des amoureux du livre ancien. Sur la devanture d'origine peinte en brun, l'effigie d'Érasme tenant un livre et l'inscription « Le Curieux » rappellent qu'ici on a l'esprit ouvert.

In the Latin Quartier the historic bookshop Clavreuil attracted intellectuals and lovers of ancient books. On the original shop front, painted in brown, the effigy of Erasmus holding a book entitled "Le Curieux" (The Curious) reminding us that here they have an open mind.

Les premiers catalogues de vente par correspondance

Des centaines de catalogues ont été édités depuis que, en 1878, Gustave Lehec créa « Le Curieux ». Son premier catalogue avait nécessité quarante années de travail et regroupait 150 000 volumes. En 1936, Alphonse Margraff, son successeur, vendit l'affaire à un apprenti, Raymond Clavreuil, dont le père, Charles, tenait une librairie rue de Seine. La famille Clavreuil continua jusqu'en 2004. La librairie a été rachetée par Fabrice Teissèdre, libraire et expert.

Un lieu recherché des spécialistes

Dans les rayons, s'alignent harmonieusement des reliures classiques, en vélin havane ou moucheté blond, maroquin rouge, noir ou vert, avec des dos à nerfs ornés parfois de rosaces dorées autour des titres en belles lettres d'or. Des chercheurs y retrouvent une première édition ou consultent un document rare pour une thèse. La librairie a toujours attiré des passionnés connus ou inconnus. Mais la plupart des clients de la maison sont des institutions, des bibliothèques et des universités en quête de pièces uniques.

The first mail order catalogues

Hundreds of catalogues have been edited since, in 1878, Gustave Lehec created "Le Curieux". His first catalogue required forty years of work and regrouped 150,000 volumes. In 1936, Alphonse Margraff, his successor, sold the business to an apprentice, Raymond Clavreuil, of whom the father, Charles, ran a bookshop in rue de Seine. The Clavreuil family continued until 2004. The bookshop was bought by Fabrice Teissèdre, bookseller and expert.

A specialist shop

On the shelves, tidily lined up, are classic bindings, Havana vellum, blond speckled, red, black and green levant bindings, with decorated backs, sometimes with gold rosettes around the titles in beautiful gold lettering. Specialists could be lucky enough to find a first edition or consult a rare document for a thesis. This bookshop has always attracted enthusiasts, including some famous names. However most of their customers are institutions, libraries and universities looking for unique examples.

Livres introuvables

La Librairie historique Clavreuil est depuis l'origine spécialisée en Histoire dans toutes ses tonalités. Toute la chronologie s'y retrouve, de l'Antiquité au XXe siècle, et tous les thèmes : régionalisme, héraldique, droit, économie, voyages, militaria. Enfin une place particulière est réservée à la Révolution française et au Premier Empire avec un choix unique. Une équipe pluridisciplinaire participe aux recherches d'ouvrages et élabore les catalogues.

"Difficult to find" books

The historic Clavreuil bookshop has always specialised in History in all its forms. All of the chronology is here from Antiquity to the 20th century, covering all themes, regionalism, heraldry, law, economy, travel, militaria. A particular place is reserved for the French Revolution and the First Empire with a unique choice of books. A multidisciplinary team participe in the search of works and elaborate catalogues.

ARTICLES / PRODUCTS SOLD

Vente de livres anciens de collection, de provenances illustres, royales ou impériales.

Gravures et tableaux d'histoire. Autographes historiques de Louis XIV à Charles de Gaulle.

Publication de catalogues réguliers, généraux ou thématiques. Édition de livres spécialisés sur le Premier Empire. Expertise.

Sale of ancient book collections, illustrated originals, Royal or Imperial.

Prints and historic charts. Historic autographs from Louis XIV to Charles de Gaulle.

Publication of regular catalogues, general or thematic. Editions of specialist books on the First Empire. Expertise.

La librairie a appartenu à quatre générations
The bookshop has belonged to four generations
Depuis 2004, un libraire passionné recherche des « introuvables »
Since 2004, a passionate bookseller has been finding "unobtainable books"

Deyrolle

Sciences naturelles, taxidermie, maison fondée en 1831

Natural Sciences, taxidermy founded in 1831

7e

46, rue du Bac
01 42 22 30 07
www.deyrolle.com
Métro : Rue du Bac

Derrière l'élégante devanture de Deyrolle, on pénètre dans un sanctuaire où tous les animaux de la terre se sont immobilisés. Ce lieu unique attire des collectionneurs, des scientifiques, des artistes, des décorateurs et des réalisateurs de films venant de toute l'Europe.

Behind the elegant front of Deyrolle, you penetrate into a sanctuary where all the animals of the earth are represented. This unique address attracts collectors, scientifics, artists, decorators and film directors from all over Europe.

YROLLE
LE PRINCE JARDINIER

Une vocation scientifique

Ce commerce d'insectes, de matériel de chasse pour les collections d'histoire naturelle et de taxidermie a été fondé en 1831, par Jean-Baptiste Deyrolle. Installée rue du Bac, en 1888, par Émile Deyrolle, l'enseigne a ajouté l'édition et la vente de matériel scientifique, activités poursuivies par ses descendants jusqu'en 1970. La taxidermie attirait les chasseurs et servait à l'enseignement de la zoologie. Sous le titre de « Musée scolaire », Deyrolle a édité plusieurs centaines de planches murales qui ont illustré les leçons de choses de générations d'écoliers.

Une magie restaurée

En 2001, le prince Louis-Édouard de Broglie a repris Deyrolle. Il y a installé « le Prince Jardinier » et a restauré les beaux appartements XVIIIe. Un terrible incendie a ravagé le 1er étage en 2008. Depuis, le cabinet d'entomologie a été entièrement refait, avec de superbes boiseries en chêne. Les pièces de beau volume conservent la magie de la maison Deyrolle, et ses magnifiques collections d'entomologie et d'animaux naturalisés ont été entièrement reconstituées.

A scientific vocation

This commerce of insects, hunting material for natural history collections and taxidermy was founded in 1831 by Jean-Baptiste Deyrolle. Installed in rue du Bac in 1888, by Émile Deyrolle, the house added editions and the sale of scientific material, activities continued by his descendants until 1970. The taxidermy attracts hunters and was used for teaching zoology. Under the title of "School Museum", Deyrolle edited hundreds of wall charts which illustrated the lessons of generations of schoolchildren.

Magic restored

In 2001, the Prince Louis-Édouard de Broglie took over Deyrolle. He set up "le Prince Jardinier" (the Prince Gardener) and restored the beautiful 18th century apartments. A terrible fire ravaged the 1st floor in 2008. Since then the entomology office has been entirely refitted with superb oak panelling. The large rooms conserve the magic of the Deyrolle house and its magnificent collections of entomology and stuffed animals have been entirely recreated.

ARTICLES ET SPÉCIALITÉS / PRODUCTS SOLD

Taxidermie, animaux naturalisés.

Entomologie : insectes et papillons rares ; boîtes de collection, filets à papillons, matériel à herboriser.

Curiosités : minéraux, œufs d'autruches montés sur socle, tableaux, éclatés d'insectes montés sous globe, pièces d'ostéologie, antiquités animalières.

Éditions « Deyrolle pour l'avenir » : planches pédagogiques. Papeterie, librairie.

Au rez-de-chaussée, boutique du **Prince Jardinier** : articles pour les jardiniers et les amateurs de jardin.

Taxidermy, stuffed animals.

Entomology : rare insects and butterflies, collecting boxes, butterfly nets, botanical material.

Curiosities : minerals, ostrich eggs mounted on a stand, pictures, mounted insects, pieces of osteology, wildlife antiques.

Editions "Deyrolle pour l'avenir" (Deyrolle for the future), educational charts.Stationery, bookshop.

On the ground floor, **the "Prince Jardinier"** boutique, articles for gardeners and garden lovers.

Un spectacle magique dans un hôtel parisien restauré

A magical spectacle in a restored Parisian hotel

Les animaux les plus extraordinaires vous accueillent

The most extraordinary animals welcome you

Un patrimoine protégé et une école de la nature

A protected patrimony and a school of nature

Raretés et curiosités

Pour les papillons, la boutique est une référence. Outre le matériel, on y trouve des spécimens rares cueillis dans le monde entier et des milliers d'insectes, coléoptères et lépidoptères. Quant aux fauves, peuples des forêts et oiseaux formant des tableaux saisissants, presque vivants, ils font la joie d'acquéreurs fortunés ainsi que celle des décorateurs et des accessoiristes qui les louent pour des événements ou des spectacles.

Un cabinet de curiosités

Deyrolle commercialise des minéraux, des coquillages, des éclatés d'insectes montés sous globe, ainsi qu'on le faisait au XIXe siècle, des systèmes nerveux d'araignée ou d'étoiles de mer. Toutes sont des pièces de musée, comme il y en avait dans les cabinets de curiosités des grands voyageurs naturalistes. Elles ont été peintes et décrites par des artistes, comme Bernard Buffet, Mathieu, des surréalistes comme Salvador Dali, André Breton, des écrivains comme Louise de Vilmorin ou des philosophes comme Théodore Monod.

Rarities and curiosities

For butterflies the boutique is a reference. Other than materials, you can find rare specimens caught all over the world and millions of insects, beetles and moths. Big cats, other forest dwellers and birds form striking scenes, almost alive, they bring joy to rich buyers as well as decorators and props people who rent them for events or shows.

A cabinet of curiosities

Deyrolle commercialises minerals, shells and insects under globes, also nervous systems of spiders or starfish as was fashionable in the 19th century. All are museum pieces like the ones you could find in the curiosity cabinets of widely travelled naturalists. They have been painted and written about by artists, such as Bernard Buffet, Mathieu, surrealists like Salvador Dali, André Breton, writers such as Louise de Vilmorin or philosophers like Théodore Monod.

Au Liégeur

Articles en liège, maison fondée en 1887

Articles in cork, house founded in 1887

17, avenue La Motte-Picquet
01 47 05 53 10
www.au-liegeur.com
Métro : Ecole Militaire

7e

Cette boutique un peu désuète est la dernière à vendre du liège, une matière naturelle qui se fait rare. Elle sert à faire des bouchons et toutes sortes d'articles incroyables pour la maison. Elle a aussi des usages insoupçonnés dans certaines industries, comme l'aéronautique ou la haute couture.

This boutique, a little old-fashioned, is the last to sell cork, a natural material which is becoming very rare. It is used to make corks for bottles and all sorts of incredible household articles. It also has unsuspected uses in certain industries, such as aeronautics or the fashion industry.

ARTICLES ET SPÉCIALITÉS / PRODUCTS SOLD

Spécialités en liège : Bouchons coniques, cylindriques, brocquillons, robinets, bondes. Articles de cave. Liège aggloméré utilisé en chapellerie, orthopédie, aéronautique, musique, pour l'affichage. Liège expansé pour l'isolation. Laine de liège, granulés fleur de liège, poudre de liège. Canons de liège. Articles de bureau, porte-clés et magnets, coffrets cadeau. Objets haut de gamme en liège et bois (buis) personnalisés par gravure.

Specialities in cork: conical bottle stoppers, cylinders, taps, stoppers. Articles for wine cellars. Agglomerated cork used in hat making, orthopedics, aeronautics, music and for display. Expanded cork for isolation. Cork wool, cork granules, cork powder. Cork cannons. Desk articles, keyrings and magnets, gift boxes. Top of the range objects in cork and wood which can be personalised by engraving.

D'origine landaise

À l'origine, deux boutiques furent ouvertes à Paris par les Pontneau, deux frères qui commercialisaient les produits de leur usine de Soustons (Landes). Celle de Montparnasse a fermé en 2001. Il reste celle qui fut fondée par Denis Pontneau près de l'École Militaire. À la disparition des deux frères, l'usine fut reprise par les ouvriers avant d'être rachetée, en 1983, par Henri Garcia-Cuenca, propriétaire de la boutique actuelle.

Une alchimie secrète avec le vin

On n'a toujours pas trouvé mieux que le liège pour conserver le vin avec lequel il échange une secrète alchimie. Constituée de millions de petites cellules remplies d'un air proche de celui qu'on respire, cette matière permet à nos grands crus de bien vieillir. Outre les bouchons classiques, la spécialité du Liégeur est le bouton de liège universel, breveté, estampillé au logo des grandes maisons. Il orne les bouteilles des grands restaurants et hôtels.

Une denrée rare et écologique

On trouve au Liégeur des articles uniques et écologiques dont l'usage revient. Ainsi, les ballines de bébé, copeaux qui remplissent des matelas ou des oreillers pour les nourrissons ou les personnes allergiques, sont chaudes en hiver et fraîches en été ; de la fleur de liège, pour bourrer des oreillers moulant bien la nuque. Il existe aussi des plaques d'isolation en liège concassé, le nec plus ultra pour écolos ! Le liège sert aussi à faire des chaussures pour la haute couture, des valves pour instruments de musique, des dalles, des tissus, des chapeaux…

From the Landes region

In the beginning two boutiques were opened in Paris by the Pontneau brothers, two brothers who commercialised products in their factory in Soustons (Landes). The shop at Montparnasse closed in 2001, leaving the one founded by Denis Pontneau near to École Militaire. After the death of the two brothers, the factory was taken over by the workers before being bought, in 1983, by Henri Garcia-Cuenca, owner of the present boutique.

A secret alchemy with wine

We have still not discovered anything better than cork for conserving wine as it exchanges a secret alchemy. Constituted of millions of tiny cellules filled with an air which is close to the one we breathe, this material allows our good vintage wines to age well. Apart from classic bottle stops, the speciality of the "Liégeur" is the universal rounded cork, patented and bearing the logo of the grand wine houses. They decorate the bottles of top restaurants and hotels.

A rare and ecological commodity

You can find unique and ecological articles which are becoming popular again at the "Liégeur" such as shavings which filled mattresses or pillows for babies or people with allergies which are also warm in winter and cool in summer, cork for stuffing pillows which mould well for your neck. Isolation sheets in pressed cork, the ultimate for ecolo-freaks! Cork is also used to make "haute couture" shoes, valves for musical instruments, tiles, fabrics, hats…

Alexandra Sojfer

Magasin de parapluies et d'ombrelles fondé en 1834

Umbrella and parasol shop founded in 1834

7e

218, bd Saint-Germain
01 42 22 17 02
www.alexandrasojfer.com
Métro : Rue du Bac

Le traditionnel magasin d'une figure de Saint-Germain-des-Prés a rajeuni et expose les collections très « couture » d'Alexandra Sojfer : de jolis parapluies, et des ombrelles faites par les petites mains de son atelier.

The traditional boutique of a local personality of Saint-Germain-des-Prés has been rejuvenated and displays the very "couture" collections of Alexandra Sojfer, beautiful umbrellas and parasols made by hand in her workshop.

ALEXANDRA SOJFER CREATION

Une réunion de talents

Depuis 1964, Madeleine Gély tenait ce commerce de cannes et de parapluies fabriqués en Auvergne, sa région d'origine. La bouillonnante vieille dame veilla à transmettre son savoir-faire à une jeune femme, Alexandra Sojfer, bercée dans une ombrelle par sa famille. Ses grands-parents, des artisans hongrois, avaient lancé leur marque de parapluies et d'ombrelles en 1937 avec le modèle « frou-frou ». En 2002, elle a repris la boutique et créé sa propre marque.

Modèles raffinés et couture

Sa collection décline à présent des modèles très « couture », comme les parapluies doublés, ornés de cristaux Swarovski, chaussés de pommeaux en bois précieux (ébène, macassar, amourette) ou gainés en peau de crocodile ou de galuchat. Les délicates ombrelles sont, elles, doublées de résille de coton, avec des dentelles appliquées. Raffinées, parfois bordées de vison blanc ou noir, elles conjuguent en douceur les couleurs de l'arc-en-ciel.

Talents reunited

Since 1964, Madeleine Gély has run this commerce of canes and umbrellas made in Auvergne, her region of origin. The lively old lady has transmitted her "savoir-faire" to a young woman, Alexandra Sojfer, born to the world of parasols by her family heritage. Her grandparents, Hungarian artisans, launched their range of umbrellas and parasols in 1937 with the model "frou-frou". In 2002 she took over the boutique and created her own label.

Refined "couture" models

Her collection presently displays models which are very "couture", her lined umbrellas decorated with Swarovski crystal, finished with handles in precious woods (ebony, Macassar, snakewood) or sheathed in crocodile skin or shagreen. The delicate parasols are lined with net cotton and decorated with lace. Refined, sometimes trimmed with black or white mink, they gently display all the colours of the rainbow.

Un atout d'élégance

La maison peut s'enorgueillir d'une clientèle prestigieuse : politiques, acteurs, chanteurs, musiciens, et est très appréciée des touristes. Elle travaille aussi pour les spectacles, les défilés de mode, les musées pour qui elle restaure des ombrelles anciennes. Ici, l'ombrelle est devenue un symbole d'élégance. À l'international, la marque est distribuée dans des magasins de luxe.

An elegant asset

The house can be proud of its prestigious customers, politicians, actors, singers, musicians and is also much appreciated by tourists. She also works for the world of show business, fashion shows and museums for whom she restores antique parasols. Here the parasol has become a symbol of elegance. Internationally her brand is distributed in luxurious boutiques.

ARTICLES ET SPÉCIALITÉS / PRODUCTS SOLD

600 références de parapluies, cannes, ombrelles, pièces uniques conçues à l'atelier et réalisées par des artisans français. Mâts des parapluies et ombrelles en bois d'ébène, bois d'amourette, bois de macassar ; pommeaux en corne naturelle, en argent massif.

Tissus précieux : soie naturelle, toile à beurre, organza de soie, tissus sergé, broderie anglaise, tulle, mousseline.

600 references of umbrellas, canes and parasols, unique models designed in her workshop and created by French artisans. Umbrella and parasol frames in ebony, snake wood, Macassar wood, handles in natural horn or solid silver.

Precious fabrics : natural silk, cheese cloth, silk organdy, twill, broderie anglaise, tulle and chiffon.

Debauve & Gallais

Chocolaterie fondée en 1800

Chocolate maker founded in 1800

7e

30, rue des Saints-Pères
01 45 48 54 67
www.debauve-et-gallais.com
Métro : Rue du Bac, Saint-Germain-des-Prés

Dans le carré chic des antiquaires de la rive gauche, Debauve & Gallais est un temple édifié à la gloire du chocolat. Ses spécialités, inventées par des pharmaciens et dotées de vertus médicinales continuent de flatter les palais les plus délicats.

In the stylish square of antique dealers of the Left Bank, Debauve & Gallais is a temple raised to the glory of chocolate. Its specialities invented by pharmacists and endowed with medicinal virtues continue to please even the most delicate palates.

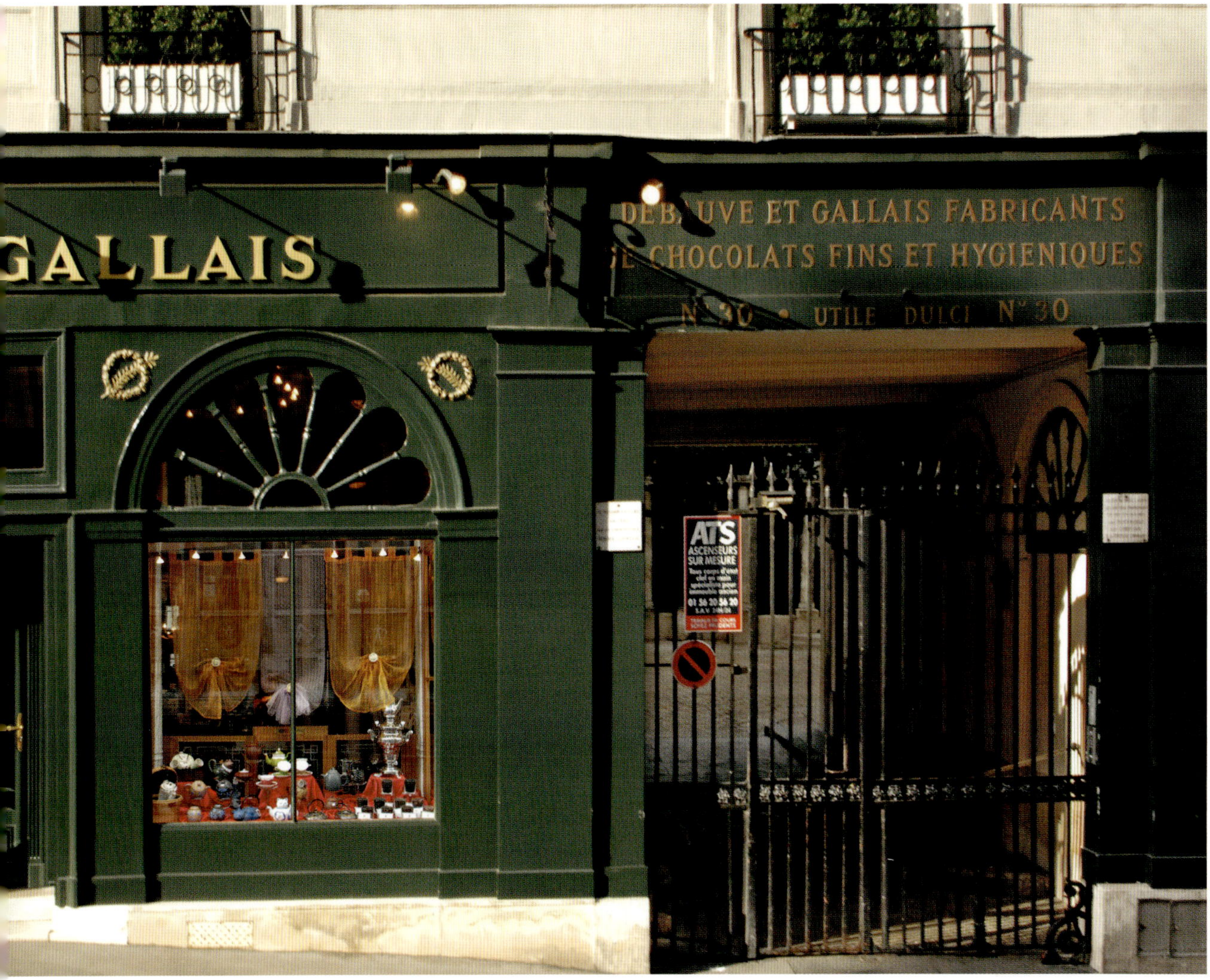
GALLAIS
UVE ET GALLAIS FABRICANTS
CHOCOLATS FINS ET HYGIENIQUES
UTILE DULCI N° 30
ATS
ASCENSEURS SUR MESURE

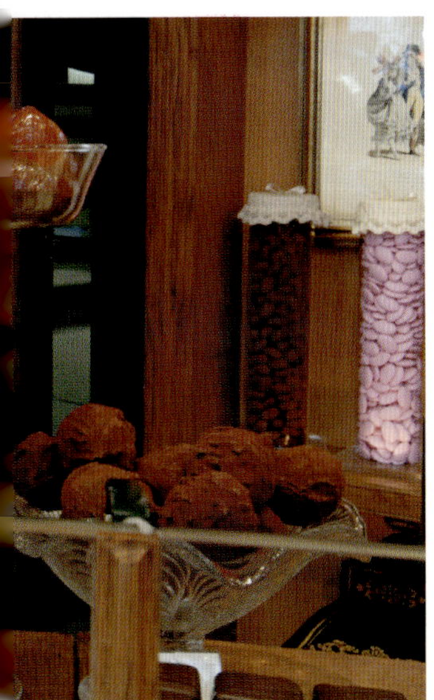

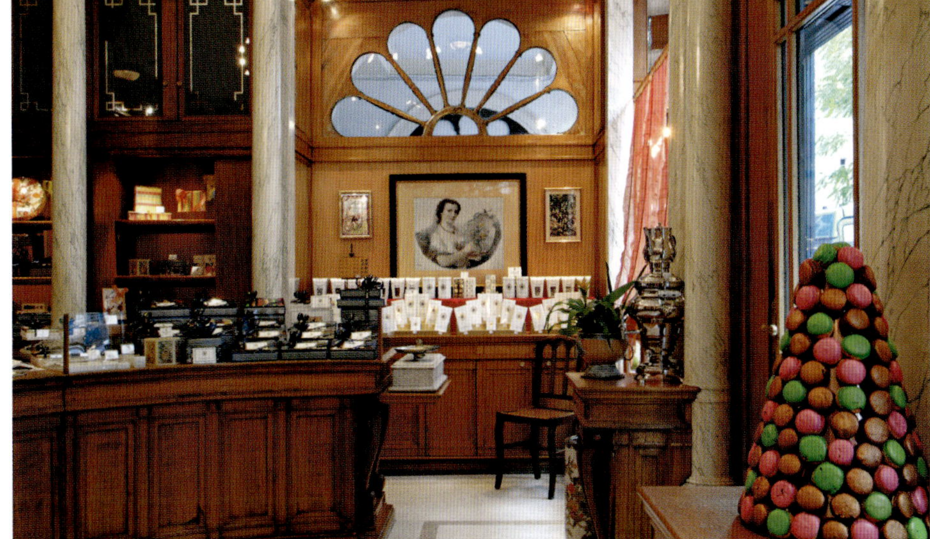

Des fournisseurs royaux

La chocolaterie a été créée en 1800 par deux pharmaciens, Sulpice Debauve et son neveu, Antoine Gallais. Leurs chocolats « hygiéniques » en font les fournisseurs attitrés des rois de France et des cours d'Europe. Sur leurs spécialités mirifiques, la maison appose l'écusson des Bourbon. Après 1840, la maison changera plusieurs fois de propriétaires jusqu'en 1989, lorsque Paule Cuvelier, passionnée et épouse d'un fin nez en cacao, reprend sa destinée.

Un Monument historique

Sur le fronton : la devise « Utile et dulci ». Son magnifique décor, qui date de 1818, fut commandé par Sulpice Debauve à Percier et Fontaine, architectes de la Malmaison. D'inspiration néo-classique italien, tout en arrondi, le lieu étonne avec ses fenêtres cintrées et leur imposte en éventail, le magnifique comptoir d'apothicaire en demi-lune entouré de colonnes de marbre. Classée Monument historique, la boutique a été magnifiquement restaurée.

Des chocolats d'exception

La maison n'utilise que des matières premières de qualité : fèves Criollos, noisettes du Piémont, noix du Périgord, raisins de Turquie, amandes d'Espagne, vanille de l'île Bourbon, le sucre de canne, les marrons de Turin ou le rhum des Antilles. Elle préserve la noblesse de son chocolat par la faible adjonction de sucre, l'exclusion de tout colorant, de conservateur ou autre additif. Depuis 200 ans, les chocolats Debauve & Gallais transforment toujours un moment d'accablement en un instant merveilleux.

Royal suppliers

The chocolate factory was created in 1800 by two pharmacists, Sulpice Debauve and his nephew Antoine Gallais. Their "healthy" chocolates made them the official suppliers of the Kings of France and the courts of Europe. On their wonderful specialities the house placed the Bourbon crest. After 1840, the house changed hands several times up until 1989, when Paule Cuvelier, passionate chocolate lover and wife of a fine "nose" in cocoa took up her destiny.

A historic monument

On the pediment, the motto "Utile et dulci" (Useful and gentle). Its magnificent decor, which dates from 1818, was ordered by Sulpice Debauve from Percier and Fontaine, the architects of Malmaison. Inspiration neo-classical Italian, the shop amazes with its arched windows and fanlights, the magnificent apothecary counter in a half-moon shape surrounded by marble columns. Classed a historic monument the boutique has been restored magnificently.

Exceptional chocolates

The house only uses highest quality ingredients, Criollos cocoa beans, hazelnuts from Piémont, nuts from Périgord, currants from Turkey, almonds from Spain, vanilla from the island of Bourbon, cane sugar, chestnuts from Turin or rum from the Caribbean. They preserve the nobility of their chocolate by lightly adding sugar and exclusion of all colourings, preservatives or other additives. For 200 years, the chocolates Debauve & Gallais have been turning times of despondancy into magical moments.

En demi-lune, le splendide comptoir de pharmacien réalisé en 1804

This splendid half-moon pharmacy counter was made in 1804

ARTICLES ET SPÉCIALITÉS / ARTICLES AND SPECIALITIES

Pistoles de Marie-Antoinette, piécettes conçues par Sulpice Debauve : chocolat noir à 99 % (chocolat de santé), aromatisées au lait d'amande (pastilles de la reine), au café amer (chocolat des affligés), à la vanille de l'Ile Bourbon (croquignoles du roi), à la crème d'orgeat (chocolat des demoiselles), à la fleur d'oranger (chocolat des dames).

Les incroyables : coques de nougatines fourrées d'un chocolat amer, signées et numérotées.

Croquamandes, Mendiants, Bonaparte. Carrés des rois. Palets ganache, cacaos de différentes origines (Soconusco, Guayaquil, lichen d'Islande, Salep de Perse, Sumatra ou Ghana, Vénézuela ou Colombie, Madagascar).

"Pistols" of Marie-Antoinette, small coins created by Sulpice Debauve, dark chocolate of 99 % (chocolate of health), flavoured with almonds (pastels of the Queen), with bitter coffee (chocolate of the sad), with Bourbon vanilla (the King's bites), with cream of barley (chocolate of young ladies), with orange blossom (chocolate of the ladies).

The incredibles : nougatine shells filled with bitter chocolate, signed and numbered.

Croquamandes, Mendiants, Bonaparte. Carrés des rois. Palets ganache, cocoa from different origins (Soconusco, Guayaquil, lichen from Iceland, Salep from Persia, Sumatra or Ghana, Venezuela or Colombia, Madagascar).

Petrossian

Caviar, alimentation de luxe, maison fondée en 1920

Caviar, luxury foods, house founded in 1920

7e

18, bd de la Tour-Maubourg
01 44 11 32 32
Métro : Invalides

À l'aube des Années Folles, la famille Petrossian révèle aux Français le goût du caviar. Ce mets inimitable apprécié des tsars a conservé son goût unique et le petit navire, symbole de la maison, continue sa conquête du monde.

At the dawn of the Roaring 20s the Petrossian family revealed the taste of caviar to the French. This inimitable delicacy, appreciated by Tzars has conserved its unique taste and the small sailing ship, symbol of the house, continues to conquer the world.

PETROSSIAN
BOULEVARD
DE
LA TOUR-MAUBOURG
PETROSSIAN

La saga d'un joyau des mers

En 1920, Melkoum et Mouchegh Petrossian, deux frères venus du Caucase, se lancent dans l'importation de « Khäviar », un mets inconnu et luxueux. Très vite, les boîtes bleues ornées d'un galion bravant une mer démontée s'affichent dans les chic soirées parisiennes. Puis, la maison part à la conquête de marchés étrangers. Premier acheteur et importateur de caviar au monde, la société est présidée, depuis 1992, par Armen Petrossian, fils de Mouchegh.

La boutique historique

La boutique n'a pas changé depuis sa création. Sa devanture se remarque à son bleu-vert caractéristique, identique depuis l'origine. L'intérieur est sobre, impeccable, éclairé de beaux lustres. Le grand frigo d'autrefois, qui fonctionnait avec un compresseur à alcool, a été remplacé par un modèle du même style. Au premier étage, on peut déguster des spécialités au restaurant, Le 144.

Tradition et diversification

Petrossian s'est diversifié : saumons fumés par ses soins selon des méthodes traditionnelles, tarama-maviar ®-, zakouskis ainsi que des jambons, des vodkas et des eaux de vie. Son caviar a un goût unique dû au processus long et délicat qui porte sur la sélection, la maturation et l'affinage des œufs d'esturgeon. Ils sont conditionnés sous vide dans les boîtes métalliques de 1,5 kg comme à l'origine.

The saga of the jewel of the seas

In 1920, Melkoum and Mouchegh Petrossian, two brothers from Caucase, launched the importation of "Khäviar", an unknown and luxurious delicacy. Very quickly, the blue tins decorated with the logo of a sailing ship braving rough seas was seen in all the most stylish of Parisian "soirées". Then the house set off to conquer foreign markets. Principal buyer and importer of caviar in the world, the society is presided over, since 1992, by Armen, son of Mouchegh.

The historic boutique

The boutique hasn't changed since its creation. The shop front is recognised by its blue-green colouring which has remained identical since its opening. The interior is sober, impeccable, lit by beautiful chandeliers. The large fridge of days gone by, which worked with a compressor of alcohol, has been replaced by a model in the same style. On the first floor, you can sample the house specialities in the restaurant "Le 144".

Tradition and diversification

Petrossian has diversified, salmon smoked by the house using traditional methods, taramsalata-maviar ®-, zakouskis as well as hams, vodka and "eaux de vie". Their caviar has a unique taste due to the long and delicate process of preparation, the maturation and refining of sturgeon roe. They are packed in airless metal tins of 1,5 kg just like in the beginning.

LES METS RARES ET PRÉCIEUX DES TSARS SE DÉCOUVRENT ICI

RARE AND PRECIOUS DELICACIES OF THE TZARS CAN BE DISCOVERED HERE

DES BOÎTES IDENTIQUES À CELLES D'ORIGINE

IDENTICAL BOXES TO THOSE OF ORIGIN

COMMERCIALISER ET DÉGUSTER LE CAVIAR EST TOUT UN ART

SELLING AND TASTING CAVIAR IS AN ART

ARTICLES ET SPÉCIALITÉS / PRODUCTS SOLD

Caviar : Beluga (gris à noir), Ossetra (ambre foncé à miel), Sevruga (noir/gris), Alverta (ambre foncé à miel clair), Baèri (gris aux reflets bruns). Gueldenstaedti ; L'Eggxiting® ; Nouveau : Royal pressé. Blinis, palette à caviar en nacre. Saumons fumés : Coupe du Tsar®, nature, à l'aneth, aux épices ; saumon sauvage de la Baltique. Crabe royal du Kamchatka.

Épicerie fine : condiments, caviar d'aubergine, confiture d'oignons ; Jambon « Pata Negra » de Barrancos (Portugal). Foie gras d'oie entier mi-cuit, en bocal. Truffes.

Spécialités russes : cornichons malossol ; caviar d'aubergine ; bortch. Jus de betterave.

Thés, cafés. Chocolats : perles de chocolat fourrée (vodka, café, cognac ou menthe). Mini-tablettes Figaro : chocolat noir, lait ou mélangé.

Vodka Petrossian nature et parfumée, jus de grenade Yablok® - 100 % pur jus.

Caviar : Beluga (grey to black), Ossetra (dark amber to honey), Sevruga (black /grey), Alverta (dark amber to light honey), Baèri (grey with brown glints). Gueldenstaedti ; L'Eggxiting® ; New, Pressed Royal. Blinis, caviar palette in mother of pearl. Smoked salmons, wild salmon from the Baltic. Royal crab from Kamchatka.

Fine groceries : condiments, eggplant caviar, onion chutney ; "Pata Negra" ham from Barrancos (Portugal), whole goose "foie gras" in a jar. Truffles.

Russian specialities : Malossol brined cucumbers, eggplant caviar, bortch. beetroot juice.

Teas, coffees. Chocolates : pearls of filled chocolate (vodka, coffee, cognac or mint). Mini-tablets Figaro : dark, milk or mixed chocolate.

Petrossian Vodka natural and flavoured, Yablok® pomegranate juice - 100 % pure juice.

CAVIAR PETROSSIAN PARIS
IMPORTE ET CONDITIONNE PAR PETROSSIAN. 18 BD LATOUR-MAUBOURG 75007 PARIS
375 G POIDS NET
NET WT 13¼ OZ
CAVIAR
MALOSSOL
KEEP REFRIGERATED AT 35° F • INGREDIENTS : STURGEON ROE, SALT • OEUFS D'ESTURGEON SEL
FOR USA IMPORTED AND PACKED BY PETROSSIAN INC. NEW YORK, N.Y. 10019

Aux Laines écossaises

Laines, pulls d'Écosse, magasin fondé en 1894

Woollens, Scottish sweaters, boutique founded in 1894

7e

181, bd Saint-Germain
01 45 48 53 41
www.laines-ecossaises.com
Métro : Saint-Germain-des-Prés

Dans les sixties, la jeunesse germanopratine achetait son mini-pull shetland aux « Laines écossaises », une adresse de famille qui propose des valeurs sûres et s'oriente aujourd'hui vers les nouveaux créateurs.

During the sixties, the youth of the Saint-Germain-des-Prés area bought their Shetland mini-pullovers at "Laines Écossaises", an address kept in the family who proposed safe values and today lean towards new "up and coming" designers.

Une histoire so british

En 1894, Léopold Charrette eut l'idée d'importer des ballots de laines d'Écosse. Dans la fabrique installée au magasin, des ouvrières filaient la laine qu'il expédiait en pelotes dans toute la France. La famille a continué. À l'époque des Beatles, son petit-fils Paul-Émile Clarisse a surfé sur la mode British et lancé les petits pulls jacquard en shetland. Depuis 2009, la quatrième génération, représentée par son fils Christophe, donne un coup de jeune à l'institution familiale.

Un décor provincial préservé

On respirerait presque l'air des Highlands dans la spacieuse boutique, avec ses comptoirs tout en longueur, ses étagères couvrant les murs jusqu'en haut. Son style bourgeois provincial dénote, au milieu des commerces branchés de Saint-Germain-des-Prés. Au-dessus de la porte, une ancienne sculpture en bois coloré de saint Blaise, le patron des cardeurs, protège le lieu.

A history "So British"

In 1894 Léopold Charrette had the idea of importing sacks of wool fom Scotland. In the factory installed in the boutique, workers spun the wool which was then sent in balls all over France. The family continued. In the era of the Beatles his grandson, Paul-Émile Clarisse surfed British fashion and launched little Shetland sweaters in Fair Isle. Since 2009, the fourth generation, represented by his son Christophe, has given a youthful boost to this family institution.

A preserved provincial decor

You can almost breathe the air of the Highlands in this boutique, with its long counters and shelves covering the walls right up to the ceiling. Its provincial middle-class style stands out, right in the centre of the trendy commerces of Saint-Germain-des-Prés. Above the door an ancient sculpture in coloured wood of Saint Blaise, the patron saint of wool carders, protects the shop.

ARTICLES ET SPÉCIALITÉS / PRODUCTS SOLD

Marques écossaises et anglaises de référence : John Smedley, Zins, Fred Perry, Lyle & Scott Vintage.

Marques luxe et contemporaines : Nina Ricci, Alexis Mabille, Pôme.

Éditions limitées et pièces originales de créateurs : On aura tout vu, Mou Ness Yarn, Boy by Band of Outsiders, Iris Van Arnim, Alldressedup, Holland Esquire, Baruc Corazon, Hiromi Tsuyoshi, Saint Paul.

Art de vivre : tapis des Belges Chevalier-Masson, coussins faits main de Sophie Digard, plaids en tartan.

Scottish and English brands of reference : John Smedley, Zins, Fred Perry, Lyle & Scott Vintage.

Luxury and contemporary brands : Nina Ricci, Alexis Mabille, Pôme.

Limited editions and original pieces by designers : On aura tout vu, Mou Ness Yarn, Boy by Band of Outsiders, Iris Van Arnim, Alldressedup, Holland Esquire, Baruc Corazon, Hiromi Tsuyoshi, Saint Paul.

Lifestyle : rugs by the Belgians, Chevalier-Masson, hand made cushions by Sophie Digard, tartan plaids.

Une nouvelle impulsion

Ici, des habitués viennent deux fois par an renouveler leur pull en lambswool, en mérinos, en cachemire ou en geelong, première tonte très douce de l'agneau. La boutique demeure une référence en matière de maille et de lainage et propose également des pulls, polos, ensembles cardigans déclinés dans d'autres matières et des versions autant sophistiquées que sportives. Elle s'oriente vers un concept store multimarque avec une sélection des meilleurs créateurs.

A new impulsion

The regulars come here twice a year to renew their sweater in lambswool, merino, cachemire or geelong,the first fleece of the lamb which is very soft. The boutique has become a reference in matters of knitwear and wool and also proposes pullovers, polos, twin sets in all kinds of wool and versions as sophisticated as others are sporty. It is becoming a multibrand concept store with a selection of the best designers.

PLAIDS, PASHMINAS, ÉCHARPES, FIDÈLES À LA QUALITÉ D'ORIGINE

PLAIDS, PASHMINAS, SCARVES, FAITHFUL TO THE ORIGINAL QUALITY

Sennelier - Couleurs du quai Voltaire

Magasin Sennelier, fondé en 1887

Boutique Sennelier, founded in 1887

3, quai Voltaire
01 42 60 72 15
www.magasinsennelier.com
Métro : Saint-Germain-des-Prés

7e

À la boutique Sennelier du quai Voltaire, tous les grands peintres du XXe siècle se sont croisés, se fournissant en pigments d'une qualité unique fabriqués par une famille de passionnés. À deux pas de l'École des beaux-arts, la marque attire les connaisseurs.

In the boutique Sennelier on the quai Voltaire all the grand masters of the 20th century bumped into each other as they came to buy pigments of a unique quality produced by a passionate family. Two steps away from the "École des beaux-arts", their name still attracts connoisseurs.

L'aventure d'une marque en couleurs

Tout a commencé en 1887 dans l'arrière-boutique du magasin du quai Voltaire. Chimiste, Gustave Sennelier broie à la main des pigments sur une plaque de granit. En 1936, les frères Sennelier ouvrent un nouveau magasin au cœur de Montparnasse. En 1994, la marque intègre ses activités de fabrication et de distribution dans le groupe « Sauer » à Saint-Brieuc. Les trois magasins parisiens sont toujours dirigés par le petit-fils du fondateur, Dominique Sennelier qui, depuis 1995, est assisté par sa fille Sophie, représentant la quatrième génération.

Une boutique intacte et foisonnante

Au quai Voltaire, rien n'a changé depuis l'époque de Gustave Sennelier : les meubles en chêne à tiroirs sont restés, ainsi que le nuancier noirci lors d'un incendie en 1982. Ici, l'ancêtre a passé deux ans à mettre au point une gamme de 110 nuances de couleurs à l'huile extra-fines. En 1946, Henri Sennelier continuera d'innover : reformulant la gamme des « pastels à l'écu », puis, avec le peintre Henri Goetz et Picasso, mettant au point un matériau révolutionnaire « le pastel à l'huile ».

The adventure of a colourful brand

It all began in 1887, in the back-room of a shop on the quai Voltaire. Chemist, Gustave Sennelier began to hand grind pigments on a slab of granite. In 1936 the Sennelier brothers opened a new boutique in the heart of Montparnasse. In 1994 the brand integrated their activities of fabrication and distribution with the "Sauer" group in Saint-Brieuc. The three Parisian boutiques are still run by the grandson of the founder, Dominique Sennelier who, since 1995, has been assisted by his daughter Sophie, representing the fourth generation.

An intact and abounding boutique

On the quai Voltaire nothing has changed since the days of Gustave Sennelier, the oak fittings with drawers have remained, as well as the colour chart, blackened by a fire in 1982. Here, the ancestors spent two years developing a range of 110 shades of colours in extra-fine oil. In 1946, Henri Sennelier continues to innovate, reformulating the range of "pastels à l'écu" (soft pastels), then, with the painter Henri Goetz and Picasso, they brought out a revolutionary material "oil pastels".

Tradition et qualité

Aujourd'hui, la subtilité des couleurs et la consistance unique des pastels à l'écu surfin assurent à cette gamme une renommée mondiale. Il en est de même pour les gammes de pastels à l'huile. La dernière création est le « bâton d'huile », un concept vraiment nouveau ouvrant un large champ d'expression. L'image de tradition et de qualité des produits a permis à la marque en cette fin de siècle d'être présente dans 30 pays, aux États-Unis, en Angleterre, dans tous les pays de la Communauté Européenne, au Japon.

Tradition and quality

Today the subtility of colours and the unique consistance of the superior soft pastels assure a worldwide reputation for this range. The reputation extends to the range of oil pastels. The latest creation is the "oil stick", a really new concept opening a large field of expression. The image of tradition and quality of products have allowed this name to be present today in 30 countries, in the United States, in England, all the countries of the European Community, Japan...

ARTICLES ET SPÉCIALITÉS / PRODUCTS SOLD

Couleurs de marque Sennelier : huiles extra-fines. Pastels à l'écu. Pastels à l'huile. Acryliques. Aquarelles extra-fines. Gouache. Oil sticks. Pigments Sennelier.

Grand choix d'**autres marques de qualité**.

Papiers du monde : véritable « papier Amaté » du Mexique (des Aztèques). Papier Lanavaguard, Papiers spéciaux. Albums & blocs. Brosserie.

Supports : toiles et châssis.

Tout matériel pour beaux-arts. Librairie.

Colours of the Sennelier brand : extra-fine oils. Pastels "à l'écu". Oil pastels. Acrylics. Extra-fines aquarelles. Gouache. Oil sticks. Pigments Sennelier.

Large choice of other quality brands.

Papers from all over the world : real « Amaté paper » from Mexico (Aztecs). Lanavaguard Paper, special papers. Albums & drawing books. Brushes.

Supports : canvas and easels.

All materials for fine-arts. Bookshop.

Pharmacie Cotinat

Pharmacie fondée en 1898

Pharmacist founded in 1898

7e

151, rue de Grenelle
01 47 05 44 85
Métro : École-Militaire

Le temps des potions est passé, mais le décor est authentique. Cette pharmacie, conservée par une famille passionnée d'antiquités et d'histoire, vaut le détour. Elle a été inscrite aux Monuments historiques.

The days of potions have passed but the decor is authentic. This pharmacy, run by a family passionnate about antiques and history, is well worth seeing. It has been listed a historic monument.

Une officine classée
appréciée d'une clientèle de quartier
A classed dispensary much appreciated
by the customers of the area.

L'officine a été créée en 1898 et rachetée par le pharmacien Louis Cotinat en 1943. Sa fille, Françoise Rech de Laval, lui a succédé. Classée et figurant à l'inventaire des Monuments historiques, la pharmacie a été construite par l'architecte Jules Lavirotte. Ses boiseries extérieures et intérieures sont d'origine. Le long buffet à étagères bordées de colonnettes est incrusté d'une cheminée en céramique vert pâle. Sa construction est ingénieuse car son conduit traverse la boutique en passant dans le sol. Elle a fonctionné jusqu'à la première moitié du XXe siècle.

This dispensary was created in 1898 and bought by pharmacist Louis Cotinat in 1943. His daughter, Françoise Rech de Laval, succeeded him. Classed and figuring in the inventory of Historic Monuments, this chemist's shop was built by architect Jules Lavirotte. Its exterior and interior wood panelling are the originals. The long dresser with its shelves bordered by small columns is incrusted with a chimney in pale green ceramic. Its construction is ingenious as its vent crosses the boutique by passing under the floor. It was in working condition until the first half of the 20th century.

Antiquités de famille

Passionné d'histoire, Louis Cotinat collectionnait des antiquités, comme ces anciens pots de faïence disposés sur les rayonnages. À côté, les bocaux d'origine sont en verre bleu ou en porcelaine avec des palmiers peints dessus. Ils témoignent de l'époque où les spécialités pharmaceutiques étaient préparées dans l'officine ; certains contiennent encore du kaolin, du benzoate de soude, du carbonate de chaux. Autre vestige, un grand thermomètre en émail blanc indique toujours la bonne température. La collection familiale recèle d'autres trésors, comme cet automate pectoral (Valda) qui pédale.

Un petit musée

Certains du quartier viennent ici juste pour se peser sur la vieille balance à poids. Elle est d'origine et pèse à 50 g près. Des clients attentionnés apportent d'anciennes boîtes de médicaments ou des vieux flacons pour agrandir la collection exposée du petit musée de la maison : Pâte Kopé pour les affections des bronches, l'Ovidol, cachou parisien à la menthe pour l'hygiène de la bouche, Lactobacilline de la Société Ferment… des marques aujourd'hui disparues.

Family antiques

Passionate about history, Louis Cotinat collected antiques,like the ancient earthenware jars displayed on the shelves. Next to them, the original jars are in blue glass or in china with painted palm trees. They bear witness to a time when pharmaceutical specialities were prepared in the dispensary, some still contain kaolin, sodium benzoate and lime carbonate. Another relic, a large thermometer in white enamel still indicates the correct temperature. The family collection possesses other treasures, such as this pectoral working automaton (Valda).

A small museum

Some locals come here just to weigh themselves on the antique scales. They are the originals and weigh to within 50 g. Considerate customers bring old medicine boxes, bottles or flasks to add to the collection displayed in the small museum of the house, Pâte Kopé for bronchial infections, Ovidol, a Parisian mint cachou for oral hygiene, Lactobacilline from the Ferment Society… all brands which have disappeared today.

IL COURT PORTER LE BON REMÈDE
POUR VOUS PRESERVER, POUR VOUS SOIGNER
PASTILLES VALDA
EN VENTE
ICI
Les VÉRITABLES PASTILLES VALDA
se vendent uniquement
en BOITES portant le nom VALDA

SNC Péchaud

Tabac, journaux, papeterie

Tobacco, newspapers, stationery

7e

18, rue des Saints-Pères
01 42 60 20 54
Métro : Saint-Germain-des-Prés, Rue-du-Bac

Ce n'était qu'un village où tous se retrouvaient dans des petites boutiques comme celle-ci. Les automobilistes ne la remarquent plus dans le flot qui remonte la rue des Saints-Pères.

It was only in small villages that you found small shops like this one. The motorists no longer notice it in the flow which goes up the rue des Saints-Pères.

Les clients sont des habitués

Le piéton qui s'octroie le trottoir, lui, la voit, avec ses grosses lettres rouges. Elle a ses habitués, des célébrités, car il y en a beaucoup qui s'abritent dans les belles demeures de la rue de Verneuil et de la rue de l'Université.

Ils ont leurs habitudes, viennent chercher le journal, leurs cigarettes blondes ou brunes et discutent un moment, histoire de passer le temps.

Faithful customers

The pedestrians who are confined to the pavement notice it, with its enormous red letters. It has its regulars, its celebrities, as there are many who reside in the beautiful residences of rue de Verneuil and the rue de l'Université.

They have their habits, they come to pick up their newspaper and their cigarettes and to have a chat, mainly to pass the time.

LIBRAIRIE
PAPETERIE
INTERIORS

Ladurée

Pâtisserie, salon de thé, fondée en 1862

Pâtisserie, tea rooms, founded in 1862

8e

16, rue Royale
01 42 60 21 79
www.laduree.fr
Métro : Concorde, Madeleine

Savourer un macaron Ladurée est une expérience à tenter, histoire de voir les anges au plafond et de s'asseoir à la table de Colette ou de Jean Cocteau. Un voyage sensoriel incomparable !

Savouring a Ladurée macaroon is an experience you have to try in order to see the angels on the ceiling and imagine sitting around a table with Colette or Jean Cocteau. A sensory voyage beyond compare !

Le premier salon de thé pour les femmes

En un siècle et demi, la pâtisserie fondée par Louis-Ernest Ladurée, un minotier venu du Sud-Ouest, a accueilli toute la belle société gourmande du second Empire à celle du XXe siècle. Son épouse, Jeanne Souchard, créa le premier salon de thé pour femmes. En 1930, Pierre Desfontaines, petit cousin du fondateur, eut l'idée, avec son pâtissier d'accoler deux à deux les coques de macarons et de les garnir d'une savoureuse ganache. Ce macaron est devenu emblématique.

The first tea rooms for ladies

In one and a half centuries the patisserie founded by Louis-Ernest Ladurée, a flour miller coming from the South-West, welcomed all the greedy high society from Second Empire until the 20th century. His wife, Jeanne Souchard created the first tea rooms for ladies. In 1930 Pierre Desfontaines, second cousin of the founder, had the idea, with his pâtissier to stick two of his macaroon shells together and fill them with a tasty ganache. Since, the macaroon has become emblematic.

Fresques et décor Empire sont préservés
Frescoes and Empire decoration are preserved.
À l'origine, un salon de thé réservé aux femmes
Originally this was a tea rooms reserved for ladies

Un patrimoine dédié à la gourmandise

Avec sa devanture vert amande ponctuée de fines colonnades marbrées surmontées de chapiteaux dorés, la pâtisserie fut décorée par Jules Chéret, célèbre affichiste de la fin du XIXe siècle, qui s'inspira des techniques picturales utilisées pour les plafonds de l'Opéra Garnier. Dans le salon de thé, de grands miroirs aux cadres dorés reflètent les fresques du plafond où des égéries et des anges fessus et joufflus s'ébattent en jouant avec des brioches. Le plus célèbre est l'ange pâtissier qui porte un bonnet de marmiton et tient la longue palette en bois.

Inégalable macaron

Gourmands de tous horizons viennent croquer dans les deux coques rondes un peu fermes, faites d'un savant dosage d'amandes pilées, de sucre et de blanc d'œufs, pour parvenir à la crème moelleuse délicatement parfumée du macaron. Chaque saison, Ladurée lui concocte un nouveau parfum. L'imagination de ses pâtissiers étant sans borne, ils ne cessent d'inventer des parfums. Et chaque mois, des créateurs s'ingénient à concevoir de magnifiques boîtes de collection.

A patrimony dedicated to greediness

With its almond green shop front punctuated with fine marbled columns topped with gold, the pâtisserie was decorated by Jules Chéret, famous poster artist at the end of the 19th century. He was inspired by pictorial techniques used for the ceilings of the Opéra Garnier. In the tea rooms large mirrors with golden frames reflect the ceiling frescoes where muses and chubby angels frolic while playing with brioches. The most famous is the "chef angel" who is wearing a chef's hat and holds a long wooden palette.

Unequalled macaroons

Gourmets come from all over to bite into the two round macaroon shells, a little firm, made with a knowledgeable dose of crushed almonds, sugar and egg-whites, in order to arrive at the light delicately flavoured cream of the macaroon. Each season, Ladurée concoct a new flavour. The imagination of the pâtissiers being without limits, they never cease to invent new flavours. Also each month designers strive hard to design magnificent new boxes for collectors.

PRODUITS / PRODUCTS SOLD

Macarons au chocolat, chocolat amer, vanille, café, pétales de rose, pistache, framboise, cassis violette, caramel au beurre salé, fruits rouges, fleur d'oranger, réglisse, citron.

Parfums d'été : noix de coco, menthe glaciale, amandes, cédrat.

Parfums d'hiver : épices et fruits moelleux, marrons, praliné, figue et datte.

Nouveautés 2010 : cerise, pomme.

Pâtisseries : Baisers Ladurée, Divin, Ispahan, entremets de Marie-Antoinette, croissants fourrés.

Chocolats : Éblouissant, Bouleversant, Troublant, Magnifique, Incroyable, Merveilleux, Prodigieux, Épatant.

Coffrets cadeaux. Épicerie fine. Parfumerie Ladurée Beauté.

Macaroons : chocolate, bitter chocolate, coffee, rose petals, pistache, raspberry, blackcurrant violet, salted butter caramel, red fruits, orange blossom, licorice and lemon.

Summer specials : coconut, iced mint, almonds, citron.

Winter flavours : spices and dried fruits, chestnuts, praline, fig and date.

New flavours 2010 : cherry, apple.

Cakes : Baisers Ladurée, Divin, Ispahan, entremets de Marie-Antoinette, filled croissants.

Chocolates : Éblouissant, Bouleversant, Troublant, Magnifique, Incroyable, Merveilleux, Prodigieux, Épatant.

Gift boxes. Fine groceries. Perfumery Ladurée Beauty.

Armurerie Renaud

Armurerie, coutellerie, fondée en 1910

Armoury, knives, founded in 1910

8e

128, rue de Provence
01 43 87 40 65
www.armurerierenaud.com
Métro : Havre-Caumartin

Entre la gare Saint-Lazare et les grands magasins, cette boutique étonne par son aspect très « province », apprécié des chasseurs et des clients en quête de tradition. Elle propose un vaste choix d'articles de chasse et de loisirs ainsi que des services de réparation.

Between the gare Saint-Lazare and the large department stores this boutique is surprising by its very "provincial" aspect and appreciated by hunters and customers who love tradition. It proposes a vast choice of hunting and leisure articles as well as repairing services.

Rien n'a changé depuis 1910, ou peu. Depuis 1977, Yvonne Soulary, l'aimable propriétaire, vous accueille, souriante, derrière son comptoir. Un personnel très qualifié sait guider le client dans les rayons du tir sportif et de défense personnelle ainsi qu'en coutellerie où l'on a le choix parmi toutes les grandes marques françaises et étrangères. De vraies épées reproduisant celles de *Conan le Barbare* ou du *Seigneur des Anneaux* ont un regain de succès quand les films ressortent. Un intéressant assortiment de ciseaux de manucure et de rasoirs ravit les messieurs d'un certain âge qui reviennent ensuite pour les réparations.

Nothing, or little, has changed since 1910. Since 1977, Yvonne Soulary, the friendly owner welcomes you with a smile from behind her counter. A highly qualified staff knows how to guide the client in the sport shooting and self defense sections as well as in the knives section where there is a wide choice and all the big French and foreign brands are represented. Real swords, reproductions of those of Conan the Barbarian or the Lord of the Rings regaining success when the films come out again. An interesting assortment of manicure scissors and razors delight gentlemen of a certain age who come back afterwards for reparations.

ARTICLES ET SPÉCIALITÉS / PRODUCTS SOLD

Matériel de chasse, de défense, de loisirs. Mallettes, trépied, canne-siège. Colliers et laisses pour chiens.

Couteaux de table et de cuisine. Couteaux de poche. Marques Mongin, Leatherman, Benchmade, Bäker, Cold Steel…

Ciseaux de couture et de mancure de Nogent. Blaireaux Plisson. Rasoirs à main Dovo.

Étains du Prince et Étains Prestige.

Atelier d'affûtage, réargenture et remise en état des couteaux.

Hunting material, defense, leisure. Briefcases, tripods, folding seats. Collars and leads for dogs.

Table and kitchen knives. Pocket knives. Brands : Mongin, Leatherman, Benchmade, Bäker, Cold Steel…

Sewing and manicure scissors by Nogent. Plisson shaving brushes. Dovo hand shavers.

Étains du Prince and Étains Prestige.

Workshop for sharpening, re-silvering and making your knives as good as new.

Augé

Caves fondées en 1850

Cellar founded in 1850

8e

116, boulevard Haussmann
01 45 22 16 97
www.cavesauge.com
Métro : Miromesnil, Saint-Augustin

Aux abords de la plaine Monceau, les caves Augé défendent des vins authentiques, fruits miraculeux de nos terroirs. Ces plus anciennes caves de Paris mènent « une guerre du goût » et ressuscitent les valeurs vinicoles d'antan.

Around the Monceau plain, the Augé cellars stand for authentic wines, miraculous fruits of our lands. The oldest of the Parisian cellars leads "a war of taste" and revives the old-fashioned values surrounding wine.

Une maison vivante

La vieille maison porte le nom de son fondateur, Edgar Augé, depuis 1850. Elle revit grâce à Marc Sibard, qui l'a rachetée il y a une vingtaine d'années. Son parcours de sommelier de grand restaurant l'a conduit, par un heureux hasard, dans ce lieu qui vivotait, tenu par une dame âgée de 77 ans, madame Deby. Il a repris l'affaire et reconstruit la carte des vins, formant son équipe « à l'école de la boisson » !

A lively house

This old house carries the name of its founder, Edgar Augé, since 1850. It has come to life thanks to Marc Sibard who bought it about twenty years ago. His experience as the sommelier of a top restaurant brought him, by an accident of fate, to the place run by an elderly lady of 77, Madame Deby. He took over the business and reconstucted the wine list, forming his team "at the school of tasting" !

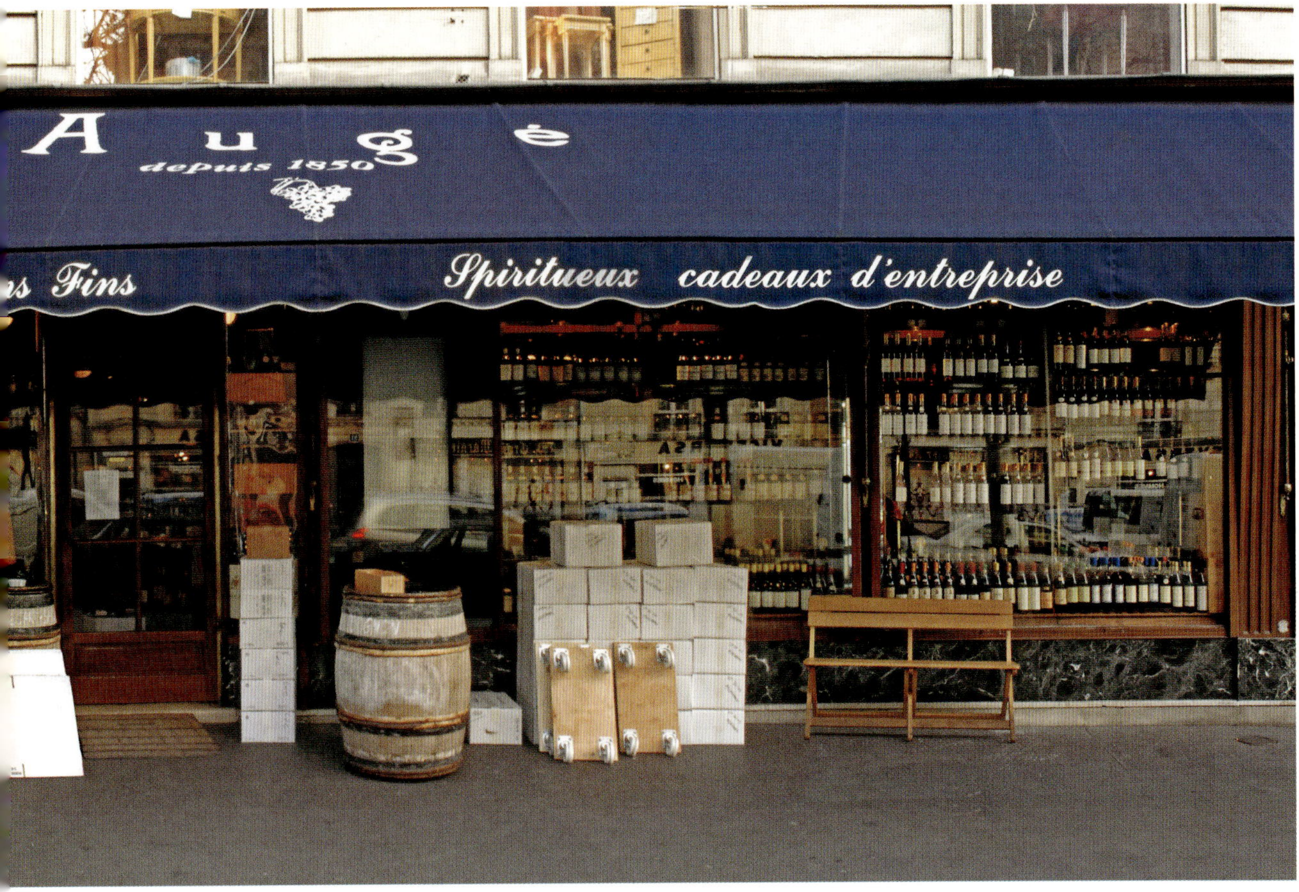
Augé
depuis 1850
s Fins
Spiritueux cadeaux d'entreprise

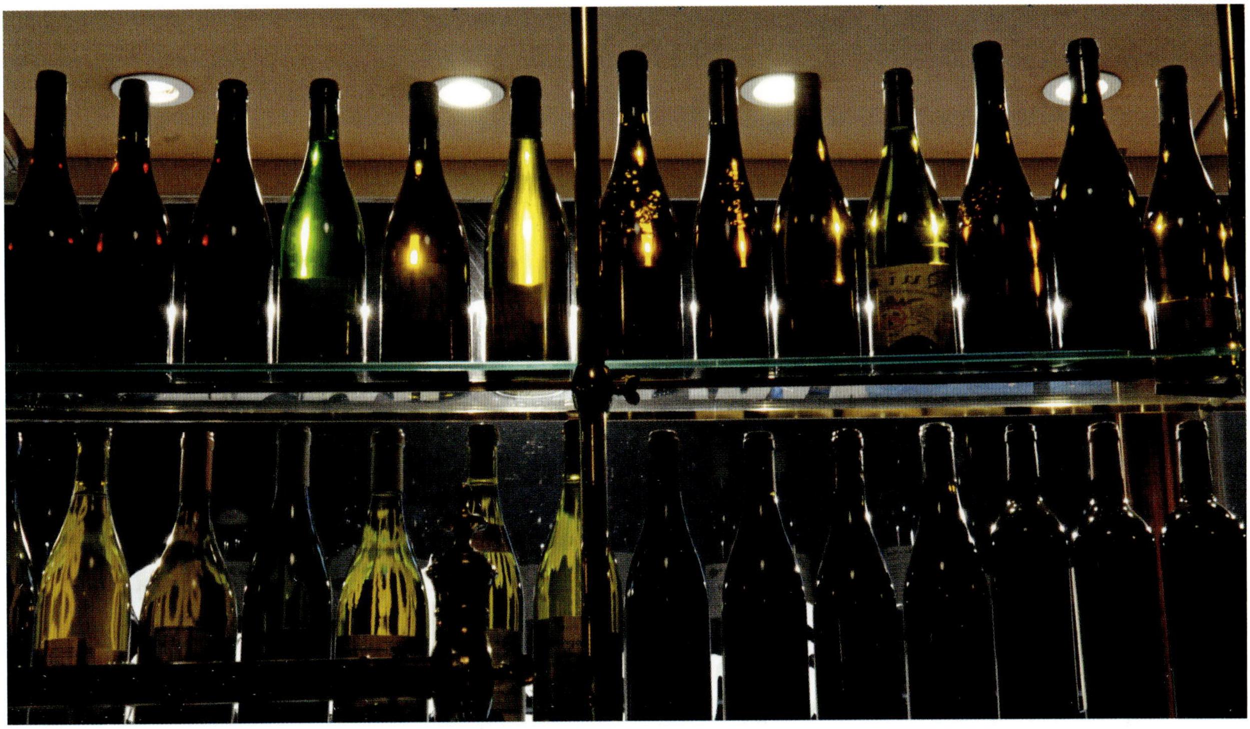

Caisse ancienne et monte-charge d'origine, belle sélection de crus de terroir, Augé joue la carte de l'authenticité

Ancient cash register and original goods lift, great selection of regional wines, Augé is very authentic

Rencontres-dégustations

Avec son grand tablier, le maître des lieux reçoit ses clients sur le trottoir lors des dégustations qu'il organise tous les quinze jours. Il invite des artisans vignerons « montés » à Paris à rencontrer des « buveurs de goût ». Derrière lui, son équipe s'affaire parmi d'artistiques empilements de caisses et des rangées de bouteilles qui se dorent au soleil. La splendide caisse abritée dans une cage vitrée semble diriger la danse. Et le majestueux monte-charge en lourd métal noir continue son labeur entrepris il y a un siècle et demi.

Un retour aux sources

Le sommelier n'est pas un adepte de l'œnologie moderne et préfère faire connaître des vins qui parlent, vinifiés proprement, provenant de vignobles à taille humaine. En un mot, il n'aime pas les vins trafiqués. Les appellations réunies dans son catalogue représentent des cépages, des terroirs, des cultures, des noms de villages, et une réalité humaine. Sa cave représente une poignée d'irréductibles qui font le pari de la variété et qui renouent avec la tradition.

Meetings-wine tastings

With his large apron, the master of the house welcomes his clients for the wine tasting sessions which he organises once a fortnight. He invites his artisan winemakers who have "come up" to the capital to meet the "drinkers of taste". Behind him his team carry on their business among the artistic piles of crates and rows of bottles turning golden in the sun. The splendid crate sheltered in the glass lift seems to be in charge of the proceedings, the majestic service-lift in black heavy metal continues its task, started a century and a half ago.

A return to source

The sommelier is not an adept of modern œnology and prefers to introduce wines which speak, « cleanly » produced, coming from vineyards of a "human" size. In a word he doesn't like wines which have been mass produced. The appellations reunited in his catalogue represent the grape varieties, the lands, the cultivations, the names of villages and a human reality. His cellar represents a handful of diehards who take a chance on variety and renew with tradition.

AU CATALOGUE / PRODUCTS SOLD

3000 références de France et 600 d'ailleurs. Une impressionnante collection de vins du monde entier sélectionnés avec soin, grands crus et de belles découvertes produites par des artisans amoureux de la nature et respectueux de la biodynamie.

Dégustations deux fois par mois pour les découvrir. Consulter le site.

3,000 references from France and 600 from elsewhere. An impressive collection of wines from all over the world have been carefully selected, "grands crus" (vintage wines) and discoveries of wines produced by artisans who love nature and respect bio-dynamic agriculture.

Tasting sessions twice a month to discover these wines. Consult the website for details.

Benneton

Graveur, imprimeur, fondé en 1880

Engraver, printer, founded in 1880

8e

Benneton
75, bd Malesherbes
01 43 87 57 39
www.bennetongraveur.com
Métro : Saint-Augustin

Ancien fournisseur des cours royales européennes, Benneton perpétue un bel art de savoir-vivre utilisant une technique millénaire, la gravure. Cet artisanat était très en vogue à Paris et à Londres au XIXe siècle.

Ancient supplier to the European royal courts, Benneton perpetuates the art of "savoir-vivre" using a thousand year old technique, engraving. This craft was very fashionable in Paris and London in the 19th century.

BENNETON
B·E·N·N·E·T·O·N

Fournisseur des cours royales

Au XIXe siècle, les exigences d'une vie sociale intense développent les « travaux de ville », c'est-à-dire des produits papetiers gravés à la main à partir d'outils et de matrices. Émile Benneton, graveur–ciseleur, s'établit dans le quartier de la Madeleine et devient le fournisseur de cours royales européennes. Anne-Marie Laurent, une de ses descendantes, a fait ses débuts auprès sa petite-fille, mademoiselle Legallic. Elle dirige la maison depuis 1986.

Un bel écrin d'origine

Émile Benneton fit réaliser sur mesure le superbe décor de boiseries qui meuble la boutique, contribuant à lui donner son ambiance chaleureuse et intime. On peut y admirer de beaux bronze d'art que la maison Benneton réédite, en particulier des sculptures animalières, dont elle s'était fait une spécialité à la fin du XIXe.

Supplier to royal courts

In the 19th century, the demands of an intense social life developed "town work", which meant paper products hand engraved with tools and templates. Émile Benneton, engraver chiseler, established himself in the Madeleine area and became the supplier to European courts. Anne-Marie Laurent, one of his descendants, started her career with his grand-daughter, mademoiselle Legallic. She has been running the business since 1986.

A beautiful showcase

Émile Benneton created this superb decor of wooden panels especially for his boutique, giving it a warm and intimate atmosphere. You can admire the beautiful art bronzes which the house of Benneton re-edited, in particular animal sculptures of which they became specialists at the end of the 19th century.

Un travail impeccable

La maison connaît les usages et les traditions et le regard sélectif d'Anne-Marie Laurent décèle les moindres imperfections. Elle continue de fournir une clientèle exigeante et raffinée avec la même rigueur dans l'exécution des gravures, le même soin dans le choix des couleurs, la sélection des papiers, et toujours, la recherche de l'élégance et le souci du détail. Cela va jusqu'à la livraison : les cartes et papiers sont rangés dans de belles boîtes blanc et or enveloppées de papier bleu ciel.

Impeccable work

The house knows the uses and traditions and the selective regard of Anne-Marie Laurent picks up even the smallest imperfection. She continues to supply a demanding and refined clientele with the same rigour in the execution of engravings, the same care in the choice of colours, the selection of papers, and always the pursuit of elegance and the attention to detail. Everything is taken care of, even the delivery, the cards and papers are delivered in elegant white and gold boxes wrapped in sky blue paper.

AU CATALOGUE / IN THE CATALOGUE

Réalisation : cartes de vœux, faire-part, invitations, menus, ex-libris.

Spécialiste de la gravure héraldique. Chiffres, monogrammes, emblèmes.

Gravures sur acier, cuivre, argent, or, pierres fines et précieuses.

Peintures d'armoiries sur velin véritable. Édition de bronzes, antiquités.

Realisation : greeting cards, announcement cards, invitations, menus, ex-libris.

Specialist in heraldic engraving. Numbers, monograms, emblems.

Engraving on steel, copper, silver, gold, fine and precious stones.

Painting of arms on genuine vellum. Edition of bronzes, antiques.

Blaizot

Librairie ancienne, éditeur d'art, fondée en 1840

Ancient bookshop, editor of art, founded in 1840

8e

164, rue du Faubourg-Saint-Honoré
01 43 59 36 58
www.blaizot.com
Métro : Saint-Philippe-du-Roule

Dès qu'il franchit le seuil de la librairie Blaizot, le visiteur est saisi par la dimension du lieu. Un sentiment indicible lui suggère qu'il pénètre dans un sanctuaire dédié au livre, une parenthèse dans un monde agité.

As soon as he crosses the threshold of the Blaizot bookshop, the visitor is impressed by the dimensions of the place. An inexpressible sentiment suggests that he has penetrated into a sanctuary dedicated to books, a peaceful interlude in a turbulent world.

AUGUSTE BLAIZOT
164
LIBRAIRIE AUGUSTE BLAIZOT

Le décor est intact depuis 1928
The decor is intact since 1928

D'origine normande

Auguste Blaizot, commis venu de Normandie, s'installa à Paris pour reprendre, en 1902, la librairie universelle de son oncle Lecampion. Il déménagea plusieurs fois avant de parvenir, en 1928, à l'emplacement actuel où il s'associa avec son fils Georges. En 1941, ce dernier reprit la tête de la librairie. Expert, libraire, éditeur, il devint un grand défenseur de la reliure française ancienne et moderne. Depuis 1974, son fils, Claude, lui-même expert reconnu et éditeur d'art, enrichit cet héritage.

Un splendide cabinet de lecture

La librairie entretient le décorum, avec ses hautes étagères en boiserie sombre, sa moquette chiffrée et sa vaste table de lecture. Ici, le livre, parcelle du patrimoine et œuvre fragile, est présenté dans ses plus beaux atours. Les reliures faites de matériaux nobles et précieux lui donnent un statut particulier. De nombreux films ont été tournés dans ce décor, comme *L'Homme et son chien* de Francis Huster avec Jean-Paul Belmondo (2009) ; *L'Enfer de Danis Tanovic* avec Guillaume Canet et Karin Viard (2005).

Of Normandy origins

Auguste Blaizot, a clerk from Normandy, set up in Paris and took over, in 1902, the universal bookshop of his uncle Lecampion. He moved a few times before settling, in 1928, at the present address where he started a partnership with his son Georges. In 1941, Georges took over as the head of the library. Expert, bookseller, editor, he became a defender of French bindings, both ancient and modern. Since 1974, his son, Claude, himself a known expert and art editor, has been enriching this heritage.

A splendid reading room

The library lives up to the decorum, with its high bookshelves in dark wood, its decorated carpet and its vast reading table. Here the book, fragment of patrimony and fragile work, is presented in all its finery. The bindings made from noble and precious materials give them a particular status. Numerous films have been made here.

MALDOROR
MALDOROR
L'OFFRANDE LYRIQUE
LES BUCOLIQUES
SONNETS

Bureau de l'expert éclairé d'un vitrail de Grüber
The expert's desk lit through stained glass by Grüber
Ces éditions rares reliées sont des œuvres d'art
These bound rare edition are works of art

SPÉCIALITÉS / PRODUCTS SOLD

Livres rares et précieux, littérature française : éditions originales, premiers tirages, reliures décorées. Livres illustrés anciens et modernes. Livres d'artistes contemporains. Bandes dessinées.

Services et conseils : expertises, partages, évaluation pour assurance, organisation de ventes publiques. Estimations, documentation. Restauration et entretien.

Expositions périodiques d'auteurs, d'artistes, de relieurs et d'éditeurs contemporains. Catalogues périodiques.

Rare and precious books, French literature, original editions, first editions, decorated bindings. Illustrated books (ancient and modern). Books of contemporary artists. Comic books.

Services and guidance : valuations, shares, valuation for insurance, organisation of public sales. Estimations, documentation. Restoration and maintenance.

Periodic exhibitions of authors, artists, binders and contemporary editors. Periodic catalogues.

Entretenir l'esprit du livre

Depuis plus de trente-cinq ans, Claude Blaizot entretient le prestige de cette librairie, tout en s'adaptant aux transformations de la société. Grand défenseur des relieurs anciens et modernes, il mène une action appréciée dans le monde entier. Selon lui, l'attrait d'une belle édition n'est pas près de s'éteindre car la reliure qui protège le livre est une œuvre d'art qui prépare le bibliophile à la lecture et l'aide à pénétrer vraiment l'esprit de l'auteur.

Maintaining the spirit of books

For more than thirty five years Claude Blaizot kept up the prestige of this bookshop, all the time adapting to changes of society. Important defender of ancient and modern bindings, he leads an action appreciated the world over. According to him the attraction of a beautiful edition is not ready to fade away as the binding which protects the book is a work of art which prepares the book lover for reading and helps to really penetrate the spirit of the author.

Grande Herboristerie de la place de Clichy

Herboristerie fondée en 1880

Herbalist Shop founded in 1880

8e

87, rue d'Amsterdam
01 48 74 83 32
www.pharma-concept-fr.biz
Métro : Place de Clichy

Non loin de la place de Clichy mouvementée et bruyante, un pharmacien passionné de plantes médicinales a redonné au lieu sa vocation d'origine. Il a fait de l'officine un lieu de rendez-vous des amateurs en quête d'une médecine traditionnelle.

Not far from the noisy and busy place de Clichy a pharmacist passionate about medicinal plants has given this chmist's shop its original vocation back. He has turned this dispensary into a meeting place for fans in search of alternative medecines.

RIE DE LA PLACE CLICHY * 87
OUVERT
LUNDI
11h00 à 13h00
14h00 à 19h00
DU MARDI au VENDREDI
10h00 à 13h00
14h00 à 19h00

Boiseries et senteurs

L'herboristerie a conservé ses larges étagères en chêne et le comptoir aux boutons et aux poignées dorés. Bien serrés les uns contre les autres, les sacs en papier estampillés au nom de l'officine contiennent les précieuses feuilles aux vertus bénéfiques. Sur les rayonnages alentour, des pots ou des flacons s'alignent, tous revêtus d'une petite étiquette indiquant les mille et uns maux dont ils soulagent le genre humain.
L'atmosphère et les senteurs multiples, odorantes incitent le « patient » à prendre sa santé en main, aidé par les bons conseils du pharmacien.

Remèdes du bout du monde

Jean-Pierre Raveneau rapporte des plantes récoltées du monde entier, de Chine, d'Afrique, de Madagascar, des plantes remarquables. Il possède un stock de plus de 900 espèces différentes et peut faire toutes les préparations médicinales de plantes. Il les fait préparer ici, dans l'arrière-boutique, sous forme de teintures mère, de tisanes, d'huiles et de crèmes. Dans l'Antiquité, les Égyptiens les connaissaient parfaitement, mais nous avons attendu le début du XVIIIe siècle pour nous y intéresser !

Wood panelling and fragrances

This herbalist's shop has conserved its wide oak shelves and counter with gold knobs and handles. Tightly lined up side by side, the paper bags bearing the name of the dispensary contain the precious leaves with beneficial virtues. On the shelves all around, jars and decanters are lined up, all bearing small labels indicating the thousand and one aches and pains they relieve.
The atmosphere and the different fragrances, scents which encourage the "patient" to take his health in hand, assisted by the good advice of the pharmacist.

Remedies from the ends of the earth

Jean-Pierre Raveneau brings back plants collected the world over, from China, Africa and Madagascar, remarkable plants. He has a stock of more than 900 different species and can make all sorts of medicinal preparations from them. He prepares them here, in the back of the shop in the form of mother tinctures, herbal teas, oils and creams. The Ancient Egyptians understood herbal remedies perfectly but it wasn't until the beginning of the 18th century that we became interested !

Une dernière herboristerie parisienne dans un décor d'origine
The last Parisian herbalist shop with its original decoration
Des sacs en papier estampillés au nom de l'officine
Paper bags marked with the name of the dispensary

ARTICLES ET SPÉCIALITÉS / PRODUCTS SOLD

Plantes en sachets ou en préparations médicinales. Mélanges traditionnels.

Nouvelles formes galéniques concentrées, extraits liquides, extraits secs, huiles essentielles pures, balnéothérapie.

Oligo-éléments catalytiques.

Plants in sachets or in medicinal preparations. Traditional mixtures.

New forms of concentrated galenics, liquid extracts, dry extracts, pure essential oils, balneotherapy.

Catalytic Oligo-elements.

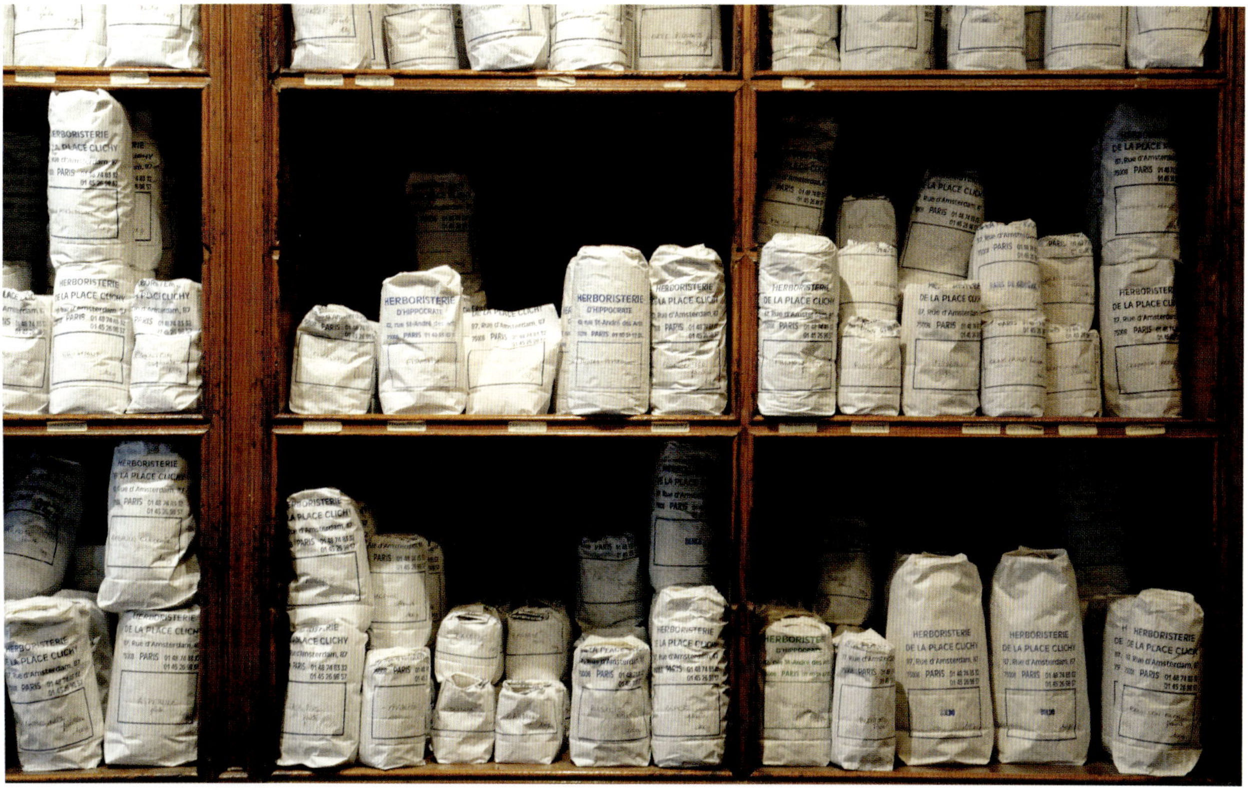
HERBORISTERIE
DE LA PLACE CLICHY
87, Rue d'Amsterdam, 87
PARIS
HERBORISTERIE
D'HIPPOCRATE

Parfait élève de Pouyanne

Teinturerie fondée en 1903
Dry Cleaners founded in 1903

8e

57, bd Haussmann
01 42 65 34 23
www.pouyanne-teinturier.fr
Métro : Saint-Lazare, Havre-Caumartin

C'est une teinturerie de luxe comme on n'en fait plus à qui les élégantes confient leurs toilettes en toute confiance, car Pouyanne est aux petits soins pour les vêtements. Le concept fut lancé par un talentueux entrepreneur qui révolutionna les mœurs de l'époque.

This is a luxury dry cleaners in a style no longer seen today, where the elegant clients bring their "toilettes" in confidence, as Pouyanne takes every care of their clothes. The concept was launched by a talented entrepreneur who revolutionised the habits of the era.

ÉLÈVE DE POUYANNE
TEINTURIER
57
Élève de
POUYANNE

Le plus ancien commerce de Paris
est un vrai bonheur !
The most ancient commerce in Paris
brings real happiness !
Sur le seuil, le nom inscrit dans
la mosaïque d'origine
On the threshold , the name is written
in the original mosaic

Quatre générations

En 1903, Louis Pouyanne, fils d'une modiste, juriste et chimiste, lance un service de nettoyage et de teinturerie spécialisé totalement novateur. Il ouvre sa deuxième boutique en face des magasins du Printemps, au nom de « Parfait, élève de Pouyanne ». Après la Première Guerre mondiale, il développe la teinture, invente une machine pour les robes dégradées de Madeleine Vionnet, crée le célèbre rose Schiaparelli. En 1934, Anne-Marie, la fille du fondateur développe l'affaire, suivie en 1967 d'Alice Fargeaud-Attal, la petite fille de Louis, qui invente des produits exclusifs. Nathalie Fargeaud-Felber, arrière-petite-fille du fondateur, lui a succédé en 2003.

La philosophie d'origine

La boutique a été transplantée à deux pas de son origine. Tout a été remis en place, les grandes boiseries, les comptoirs, avec un aménagement plus fonctionnel. La spécificité de Pouyanne est d'assurer sans faille un même service au fil des siècles, une philosophie qui fait que chaque client est unique. Mais la maison ne fait plus de teinture car les tissus actuels ne s'y prêtent plus. On lui confie des vêtements délicats, des costumes de scène, des robes de mariée, de baptême ou de cocktail, de magistrats, d'académiciens, d'église, de haute couture, des parures de berceau...

Un savoir-faire exceptionnel

Avant de passer au nettoyage, le vêtement est inspecté sous toutes ses coutures, décortiqué au peigne fin, étiqueté sans agrafe, tout est noté sur le grand registre, boutons et parties fragiles sont protégés. Les cravates sont démontées. S'il y a un accroc, le vêtement va chez le stoppeur qui retisse le fil sous une loupe. Le repassage se fait à l'ancienne, tout à la pattemouille et sur l'envers. Il faut une journée pour repasser une robe de dentelle au fer à coq ou aux ciseaux, un savoir-faire entretenu à la perfection dans tous les détails.

Four generations

In 1903, Louis Pouyanne, son of a milliner, lawyer and chemist, launched a cleaning and specialised dry cleaning service totally innovative. He opened a second boutique opposite the Printemps department store with the name of "Parfait, élève de Pouyanne". After the First World War he developed dyeing techniques, invented a machine for the shaded dresses of Madeleine Vionnet and created the famous "Schiaparelli pink". In 1934, Anne-Marie, the daughter of the founder, developed the business, followed in 1967 by Alice Fargeaud-Attal, the grand-daughter of Louis, who invented exclusive products. Nathalie Fargeaud-Felber, great-grand-daughter of the founder, took over in 2003.

The original philosophy

The boutique has moved two steps from its original site. Everything is back in place, the wood panels, the counters but with a more functional fitting. The specificity of Pouyanne is to guarantee the same faultless service down the centuries, a philosophy which shows that each customer is unique. The house no longer dyes clothes as modern materials are no longer adapted. You can entrust them with delicat garments, stage costumes, wedding, christening or cocktail dresses, magistrates, academicians and religious robes, haute couture...

An exceptional savoir-faire

Before passing to the cleaning stage, the garment is inspected seam by seam, with a fine tooth comb, labelled without using staples, every detail is noted in the register, buttons and fragile areas are protected. Ties are unstitched. If there is a snag, the garment goes to a "stopper" who rethreads the stitch invisibly with a magnifying glass. Ironing is done in the old fashioned way, inside out with a damp pressing cloth. It takes a whole day to iron a lace dress, a know-how maintained to perfection in all of its details.

SERVICES ET PRODUITS / SERVICES AND PRODUCTS

Teinturie et blanchisserie de luxe, livraison à domicile

Nettoyage et garde de fourrures

Entretien de robes de mariée, robes du soir

Nettoyage ameublements, objets de collection

Produits maison : lessive « A » de Pouyanne, eau de linge, vaporisateur, housses de protection, guide de l'entretien.

Luxury dry cleaning and washing, delivery service

Cleaning and storage of furs

Maintenance of wedding dresses, evening dresses

Cleaning of soft furnishings, objects of collection

Household products: washing liquid "A" by Pouyanne, perfumed water for linens, vaporiser, protective dustcovers, cleaning instructions.

À la mère de famille

Confiserie fondée en 1761
Sweet shop founded in 1761

9e

35, rue du Faubourg-Montmartre
01 42 46 44 13
www.alameredefamille.com
Métro : Grands Boulevards

La plus ancienne confiserie de Paris est une institution ! Sa façade, classée Monument historique en 1984, abrite les merveilleuses friandises de chez nous. Artistes, acteurs de théâtres des Grands Boulevards, danseuses des Folies Bergères, et des générations de gourmands ont franchi sa porte.

The oldest sweet shop in Paris is an institution ! Its shop front, classed a historic monument in 1984, shelters the marvellous delights imaginable. Artists and actors of the theatres on the Grands Boulevards, dancers from the Folies Bergères and generations of "gourmands" have pushed open their doors.

MAISON FONDÉE EN 1761
CHOCOLATERIE
CONFISERIE
biscuits
LEFEVRE-UTILE
biscuits
LEFEVRE-UTILE
35 VINS FINS DESSERTS
FRUITS SECS
FRUITS CONFITS
CHOCOLATS
THÉS
CONFISERIE ET DESSERTS
FABRIQUE DE CHOCOLATS
SPECIALITE DE MIEL
FOURS SECS
PAIN D'EPICES
FOURS FRAIS

ARTICLES ET SPÉCIALITÉS / PRODUCTS SOLD

800 spécialités régionales authentiques : palet d'or de Moulins, calisson d'Aix, nougat de Montélimar, négus de Nevers, marrons glacés, folies de l'écureuil, fruits confits d'Apt, lilliputiens (acidulés), bonbons à la confiture de lait.

Spécialités maison : pâtes de fruits ;

caramels assortis : chocolat, amande, pistache, praliné ;

chocolats : palets de Montmartre, florentins, toucans (bûchettes fourrées praliné saupoudrées de chocolat) ; tablettes : aux mendiants, pavée lait, pavée noir.

800 authentic regional specialities : palet d'or from Moulins, calissons from Aix, nougat from Montélimar, négus from Nevers, glazed chestnuts, folies de l'écureuil, crystallised fruits from Apt, lilliputians (slightly tangy), caramels.

House specialities maison : fruit jellies.

Assorted caramels : chocolate, almond, pistachio…

Chocolates: palets from Montmartre, florentins, toucans (logs filled with praline and powdered with chocolate) ; Chocolate bars, with fruit, milk chocolate, dark chocolate.

Maison de famille

Fondée par Pierre-Jean Bernard, un épicier de Coulommiers, la confiserie est passée entre plusieurs familles qui ont perpétué la tradition gourmande de nos régions. En 2000, un confiseur alsacien, Etienne Dolfi, la reprend avec son épouse et ses enfants. Tous sont représentés sur le logo de la maison, symbole de l'union de leurs talents au service d'une entreprise ancrée dans le temps, mais dynamique !

Un décor d'époque classé

Le nouveau propriétaire a eu le coup de foudre pour la boutique. La façade, classée Monument historique en 1984, est unique : inscriptions à la feuille d'or sur fond de marbre montant jusqu'au premier étage comme c'était la coutume, imposte en verre doré au-dessus de la porte. Dedans, tout est resté comme autrefois : le carrelage, le comptoir en bois, la majestueuse caisse, les gros tiroirs en bois verni et les vitrines.

Family house

Founded by Pierre-Jean Bernard, a grocer from Coulommiers, the boutique has been passed between several families who have perpetuated the greedy tradition of our regions. In 2000, a confectioner from Alsace, Etienne Dolfi, took it over with his wife and children. They are all represented on the logo of the establishment, symbol of the union of their talents in the service of a business anchored in time but dynamic !

A classed decor of days gone by

The new owner fell in love with the boutique. The facade, classed a historic monument in 1984, is unique, inscriptions in gold leaf on a marble base mounting right to the first floor as was the custom, fanlight in gold and glass above the door. Inside, everything has remained how it was in those days : the tiles, the wooden counter, the majestic cash register…

Recettes de jadis et produits maison

Pour Steve Dolfi, le magasin est « un vrai bonheur » ! Ses spécialités sont élaborées à partir de vieilles recettes, récupérées dans des grimoires, mais sont aussi le fruit de ses créations. La maison fabrique ses propres chocolats. Certains clients passent tous les matins pour acheter leur bouchée. Parfois, des visiteurs sont tellement impressionnés qu'ils restent à la porte. C'est vrai qu'ici, on a un peu l'impression de faire partie de l'Histoire.

Recipes of yesteryear and house products

For Steve Dolfi, this shop is "real happiness" ! He has recovered old recipe books but he also loves to invent his own recipes. The house makes its own chocolates. Certain clients drop by every morning to buy a handful of sweets. Sometimes the visitors are so impressed that they feel they can't come in. It's true that here, you have the impression of being part of History.

Fouquet

Artisan chocolatier confiseur, fondé en 1852

Artisan chocolate maker confectioner, founded in 1852

9e

Fouquet
36, rue Laffitte
01 47 70 85 00
www.fouquet.fr
Métro : Le Peletier, RER : Auber

L'histoire dit que Claude Monet, né au n°45 de la rue, était un habitué de Fouquet. Il adorait les berlingots, les dragées et les caramels fondants présentés dans les élégantes boîtes rondes en métal, peintes à la main aux couleurs du temps.

The story says that Claude Monet, born at n°45 in the same street, was a regular at Fouquet. He loved their berlingots (humbugs), dragées (sugared almonds) and their soft caramels presented in elegant round metal boxes, hand painted in the colours of the times.

OUQUET
FOUQUET
FOUQUET

Une aventure familiale

En 1900, quand la famille Chambeau-Mimard reprend la maison Fouquet, on y déguste des « badines » de Paris (fins chocolats noirs allongés). Dès 1928, Alfred Chambeau, le fils, ouvre la boutique de la rue François Ier. Dans les années 1950, Monique Chambeau, dite Mlle Fouquet, fait de la maison un haut lieu du luxe parisien. En 1970, Christophe Chambeau, son neveu, modernise la production, protège la marque et développe sa notoriété à l'étranger. Depuis 2004, ses enfants, Catherine Vaz et Frédéric Chambeau poursuivent son œuvre.

Des rendez-vous gourmands

Rue Laffitte, la boutique d'origine a conservé son décor et ses habitudes. Tous les lundis, elle propose des macarons frais. Acidulés, pâtes de fruits, ganaches et autres chocolats aromatiques, les confiseries Fouquet sont fabriquées « à l'ancienne » dans le laboratoire attenant au magasin. On y croque avec délice les « NNAS », noix, noisettes, amandes enrobées de caramel dur, les Salvators, caramels moelleux glacés dans un caramel dur.

Tradition et innovation

La fabrication est assurée par des maîtres chocolatiers passionnés mêlant tradition et innovation. Fouquet choisit des matières premières sans concession chez les meilleurs fournisseurs : amandes Avola, noisettes du Piémont, marrons de Turin. La maison s'adapte aux goûts et aux désirs de ses clients qui peuvent choisir leurs assortiments, leur boîte, les couleurs, les rubans.

A family adventure

In 1900 when the Chambeau-Mimard family took over the Fouque house, people were savouring "badines" of Paris (long fine dark choco lates). In 1928, Alfred Chambeau, the son, opened the boutique of th rue François Ier. In the 50s, Monique Chambeau, known as Mlle Fouquet turned the house into a temple of Parisian luxury. In 1970, Christoph Chambeau, her nephew, modernised the production and protected th brand while also developing international recognition. Since 2004, hi children, Catherine Vaz and Frédéric Chambeau continue this work.

Meetings "gourmands"

Rue Laffitte, the original boutique has conserved its decoration and it habits. Every Monday, it proposes fresh macaroons. Acid drops, jellie fruits, ganaches and other flavoured chocolates, the Fouquet sweet are made in "old fashioned style" in the laboratory adjacent to the shop You can bite into an "N.N.A.S", nuts, hazelnuts, covered in hard carame or "Salvators", soft caramels with a hard caramel shell.

Tradition and innovation

The high standards in the fabrication are assured by master chocolat makers passionately mixing tradition and innovation. Fouquet choose its ingredients, without concession, at the top suppliers, Avola almonds hazelnuts from Piémont, chestnuts from Turin. The house also adapts t the tastes and desires of their customers who can choose their assort ments, their box, the colours and the ribbons.

PRODUITS / PRODUCTS SOLD

Chocolats : pralinés, ganaches (chocolat, café, framboise, orange) ; oranginettes, pamplemoussettes, gingembre enrobé, tutti-frutti, croustillant, sablé aux amandes enrobé, jumelles, amandines, noisette et amandes au chocolat, carrés amers à 85 %.

Confiseries : acidulés plats, en berlingot ou en bille. Sucre fondant, osselets et carrés (pâte d'amande enrobée), caramels mous (9 saveurs), « NNAS » (noix, noisette, pralines et caramels mous enrobés de caramel dur). Pâtes de fruits cuites à la bassine. Pastilles fondantes (menthe, orange, framboise, vanille).

Épicerie fine, moutardes, confitures, alcools.

Chocolates : pralines, ganaches (chocolate, coffee, raspberry, orange), oranginettes, pamplemoussettes, coated ginger, tutti-frutti, croustillant, almond covered shortbread, jumelles, amandines, hazelnuts and almonds in chocolate, squares of 85% dark chocolate.

Sweets : acid drops in different forms. Melted sugar, jellied fruits, chewy caramels mous (9 flavours), "NNAS" (nuts, hazelnuts, covered in hard caramel). Melting pastels (mint, orange, raspberry, vanilla).

Fine groceries, mustards, jams, alcohols.

Detaille

Parfumerie, fondée en 1905

Perfumery, founded in 1905

9e

Detaille
10, rue Saint-Lazare
01 48 78 68 50
www.detaille.com
Métro : Notre-Dame-de-Lorette

La bien jolie histoire de la parfumerie Detaille a charmé un couple entreprenant qui en a fait une boutique vintage, relançant des produits de beauté très en vogue dans les cours d'Europe au début du XXe siècle.

The very nice story of the Detaille parfumery has charmed an entreprising couple into creating a vintage boutique, relaunching beauty products which were very fashionable in the courts of Europe at the beginning of the 20th century.

PRODUITS / PRODUCTS SOLD

Huiles essentielles pour le visage, le corps, les cheveux.

Crèmes de soins : Baume automobile, crème aux plantes, Lait de beauté

Soins démaquillants : Citron vinaigre de beauté, Eau douce rafraîchissante

Eaux de toilette féminines : 1905, Alizée, Shéliane, Dolcia, Sofia

Eaux de toilette masculines : Aéroplane, Escrimeur, Yachting, Par 4, Miles

Eaux de Cologne : Chérubin, Fleur, Paradisi.

Essential oils for the face, the body, the hair.

Beauty creams : Automobile Balm, Cream of Plants, Beauty milk

Make up removers : lemon vinegar of Beauty, refreshing soft water

Eaux de toilette feminine : 1905, Alizée, Shéliane, Dolcia, Sofia

Eaux de toilette masculine : Aéroplane, Escrimeur, Yachting, Par 4, Miles

Eaux de Cologne : Chérubin, Fleur, Paradisi.

Recettes de beauté

En 1900, la comtesse de Presles fit composer pour elle par Marcellin Berthelot, chimiste, le « Baume automobile », un mélange protecteur et réhydratant à base d'eau florale, d'oxyde de zinc et de protéines de blé. Puis elle commercialise des préparations de beauté. Ainsi naquit, en 1905, la Maison Detaille, du nom de son mari, frère du peintre Édouard Detaille. Ses recettes furent utilisées sans varier jusqu'en 1990 lorsque M. et Mme Pallier reprirent la parfumerie.

Charme authentique

La parfumerie actuelle date du neveu, M. Detaille, qui l'installa dans une boutique de torréfaction. Elle a été entièrement restaurée par les nouveaux propriétaires qui ont conservé son charme désuet avec ses miroirs, son mobilier stylé, le carrelage à la mosaïque fleurie et le portrait de la comtesse de Presle. Lotions et crèmes sont joliment conditionnées à l'ancienne. La poudre de riz est vendue dans un charmant écrin d'époque, avec sa houppette, pour se poudrer comme le faisaient les mondaines.

Beauty recipes

In 1900 the Countess of Presles had Marcellin Berthelot, chemist, compose for her an "Automobile Balm", a mixture of protection and hydratation with a floral base, zinc oxide and wheat proteins. She then started to commercialise Beauty Preparations. This was how, in 1905, the Detaille House was born, using the name of her husband, brother of the artist Édouard Detaille. Her recipes were used, without change,s up until 1990 when Mr. and Mrs. Pallier took over the perfumery.

Authentic charm

The actual perfumery dates from the nephew, M. Detaille, who installed it in an ancient coffee shop. It has been entirely restored by the new owners who have conserved the old-world charm with mirrors, old style furniture, the mosaic of flowered tiles and the portrait of the Countess of Presle. Lotions and creams are delightfully packaged in an old fashioned style. The rice powder is sold in a quaint period case with its powder puff, to powder yourself as the society ladies of the day did.

Galerie 34 M.G.W. Segas

Cannes de collection, antiquités, boutique créée en 1846

Canes of collection, antiques, boutique created in 1846

9e

34, Passage Jouffroy
(près du Musée Grévin) / (near to)
01 47 70 89 65
www.canesegas.com
Métro : Richelieu-Drouot

Ce ne sont pas ici les coulisses du musée Grévin, mais une galerie créée par un collectionneur de cannes toutes fort curieuses. L'histoire de cet expert sort également de l'ordinaire.

This is not the backstage of the Grévin museum, but a gallery created by a collector of canes, all very curious. The story of this expert is no ordinary tale.

Une vocation originale

Ancien enfant de la balle, Gilbert Segas fut comédien et utilisait des cannes pour accessoires. Puis il s'est mis à les collectionner et à les exposer dans une galerie du passage Jouffroy, aidé de son frère Miguel et maintenant de son fils William. Durant ses trente années de quête, il est devenu « expert » malgré lui. On vient de loin le consulter et lui acheter des cannes qu'il est le seul à posséder, notamment des cannes à système, appelées ainsi car elles dissimulent une autre fonction que celle de la marche.

An original vocation

Ancient entertainer, Gilbert Segas was a theatrical performer and used canes as accessories. Then he started to collect them and display them in a gallery in the passage Jouffroy, aided by his brother Miguel and now his son William. During his thirty years of searching, he has become an "expert" without realising it. People come for miles to consult him and buy his canes as he is the only person who possesses them, notably "system" canes, so called because they hide a function other than that of a simple walking stick.

CANNES
de
COLLECTION
OBJETS
de
L · 36
CANNES
ANCIENNES
DE
COLLECTION
GALERIE 34
M&G SEGAS
Cannes de
Collection
Antiquités
Achat Vente Expertise

Attribut de dandy, la canne est un accessoire surprenant
Fine attribute for a dandy, the cane is a surprising accessory
Segas présente des collections exceptionnelles
Segas presents exceptional collections

Un décor à l'italienne

Entourée par le Musée Grévin et par l'Hôtel Chopin, la galerie est fréquentée par des visiteurs attirés par le romantisme du lieu, le passage Jouffroy. Un rien suranné, mais très animé par ses commerces, celui-ci fut construit en 1846 et est inscrit à l'inventaire des Monuments historiques. Le collectionneur s'est amusé à recréer un décor de théâtre à l'italienne, avec des boiseries anciennes enrobées de teintures rouges, une banquette ronde en velours cramoisi.

An Italian decoration

Surrounded by the Musée Grévin and the Hotel Chopin the gallery is frequented by visitors drawn by the romantic setting, the passage Jouffroy. A little outdated but very lively thanks to its shops, the passage was built in 1846 and is included in the inventory of historic monuments. The collector enjoyed recreating an Italian style theatre, complete with ancient red tinted wood panelling and a round seating area in red velvet.

Secrets de cannes

La galerie possède des modèles rares, cette canne d'alcade (ancien juge péruvien) recélant, à l'intérieur de son fût en bois de palmier, une colonne vertébrale de requin. D'autres ont des pommeaux sculptés d'une tête d'animal en ivoire ou sont des cannes de métier : canne de bedeau, de notaire, de minéralogiste, de vétérinaire. Les cannes à système sont étonnantes : une canne coupe-fleurs est équipée de ciseaux et de pinces, avec un plumeau dans son pommeau ; une canne d'écrivain cache un stylo, un crayon et un encrier également dans le pommeau !

Secrets of canes

The gallery owns some extremely rare models, this "alcade" cane (ancient Peruvian judge) hiding, inside its hollow palm wood case, the backbone of a shark. Other models have handles sculpted with the head of an animal in ivory or are "professional" canes, verger's cane, or the canes of a notary, mineralogist or veterinary. The "system" canes are astonishing, a cane for collecting flowers is equipped with scissors and tweezers and has a pen in its handle, a writer's hides a pen, a pencil and an inkwell in its handle !

ARTICLES ET SPÉCIALITÉS / PRODUCTS SOLD

Cannes anciennes de collection, à Paris depuis 1975

Cannes décoratives, canne à système, canne rare et précieuse, canne à sujet animalier, canne à pommeau de joaillerie ou d'orfèvrerie, ou encore canne d'art populaire, canne épée ancienne, canne sabre, etc.

Ancient Canes of collection, in Paris since 1975

Decorative canes, "system" canes, rare and precious canes, canes with animal subjects, canes with precious jewelled handles or precious metals for handles (gold and silver), or even a cane of popular art, an ancient sword cane, sabre cane, etc.

Claverie

Magasin de lingerie, orthopédie, fondé en 1860

Lingerie, orthopedics, founded in 1860

10e

234, rue du Faubourg-Saint-Martin
01 53 35 07 50
Métro : Louis Blanc

Dans un quartier populaire blotti entre la gare du Nord et le canal Saint-Martin, Claverie a su garder le décor unique d'un charme désuet. La boutique fut fréquentée par Mistinguett, Arletty et Joséphine Baker et a souvent servi de décor de cinéma.

In a working class area huddled up between the gare du Nord and the canal Saint-Martin, Claverie knew how to preserve the original decor with its quaint charm. This boutique was frequented by Mistinguett, Arletty and Joséphine Baker and has often been featured in films.

Un ancien empire commercial

Auguste Claverie crée en 1880 une boutique de corsets et de bandages élastiques qui étaient fabriqués dans son usine de Romilly (Aube). Sous Georges Bos, son repreneur, l'entreprise se développe à travers le monde avec un produit-phare : le corset en toile de coutil rose saumon. On compta jusqu'à 60 boutiques Claverie à Paris et en province. Le gendre de G. Bos, Georges Arrachequesne, puis Françoise, sa petite-fille, prirent sa suite. Aujourd'hui, Patrick Arrachequesne représente la quatrième génération de la famille.

Un décor d'exception

L'ensemble est splendide : deux boutiques style Art déco entourent un porche et leur façade mériterait d'être classée. Tout est resté intact depuis 1900, surtout dans la boutique de gauche. On y découvre, derrière les vitraux, un escalier monumental en acajou de Cuba et en bois de rose menant au 1er étage où se trouvaient les bureaux et les cabines d'essayage. Les comptoirs étaient autrefois surélevés sur un piédestal. Les lustres en bronze doré sont d'origine.

An ancient commercial empire

Auguste Claverie created in 1880 a boutique of corsets and elastic bandages which where produced in his factory at Romilly (Aube). Under Georges Bos, the owner, the business would develop across the world thanks to a leading product, their salmon rose corset in drill. We can count up to 60 Claverie boutiques in Paris and the provinces. The son-in-law of G. Bos, Georges Arrachequesne, then took over followed by Françoise, his granddaughter. Today, Patrick Arrachequesne represents the fourth generation of the family.

An exceptional decoration

The complex is splendid, two Art Deco style boutiques surround a porch and their facade merits a historic classification. it has remained intact since 1900, especially in the left hand side boutique. You can discover a monumental staircase in mahogany from Cuba and rosewood leading to the 1st floor where the offices and fitting rooms used to be. The counters used to be raised on a pedestal. The gilded bronze light fittings are the originals.

ARTICLES ET SPÉCIALITÉS / PRODUCTS SOLD

Lingerie de marques (Lise Charmel, Simone Pérèle, Lejaby), porte-jarretelles, corseterie et sous-vêtements féminins de fantaisie.

Lingerie de nuit Christian Cane, robes de chambre en laine des Pyrénées Val d'Aiz, maillots de bain Tyché-Valérie.

Articles d'orthopédie, chaussures de confort, chaussures d'enfant.

Top brands (Lise Charmel,Simone Pérèle, Lejaby), suspenders, corsetery and stylish underwear for ladies.

Christian Cane **nightwear,** dressing gowns in wool by Pyrénées Val d'Aiz, Tyché-Valérie swimwear.

Orthopedic articles, comfortable shoes, childrens' shoes.

L'escalier monumental en acajou a servi de décor de cinéma
The monumental mahogany staircase has been used as a decor for cinema
Des vitraux intacts qui datent de 1900
Stained glass, intact, dating from 1900

Dessous chics et gainants

À gauche, Florence Arrachequesne tient le rayon des « frivolités », de la lingerie chic et classique et des sous-vêtements féminins de fantaisie. À droite, Patrick gère les articles d'orthopédie. Claverie est le dernier endroit où l'on trouve des « gainants », en modèles de série adaptables ou sur mesure, ainsi que le slip herniaire de maintien pour les hommes (invention Claverie), et les « suspensoirs », pour soutenir des parties masculines intimes (les « pessaires » au féminin) !

Stylish body sculpting underwear

On the left, Florence Arrachequesne has her section of "frivolities", stylish and classic lingerie and fancy ladies underwear. To the right, Patrick handles the orthopedic articles. Claverie is the last place you can find made to measure "body sculpting" underwear as well as men's underpants for supporting a hernia (invention Claverie), and "suspensoirs", for supporting the intimate masculine parts (and "pessaires" for the ladies) !

À la Pipe du Nord

Artisan pipier, articles pour fumeurs, boutique fondée en 1867

Artisan pipe maker, articles for smokers, boutique founded in 1867

10e

21, Boulevard Magenta
01 42 08 23 47
www.alapipedunord.com
Métro : République

Pierre Voisin est le dernier artisan pipier de Paris. Les amateurs de ce rituel séculaire qu'est l'art de fumer la pipe ne seront pas déçus de la visite et trouveront sans aucun doute la « bouffarde » dont il rêve.

Pierre Voisin is the last artisan pipe maker of Paris. Enthusiasts of this age-old ritual, which is the art of smoking a pipe, will not be disappointed by their visit and will find, without doubt, the pipe of their dreams.

Cinq générations de maîtres-pipiers

Émile Ziegler, grand-oncle de l'arrière-grand-père de Pierre Voisin, ouvrier pipier autrichien, fonde ce magasin en 1867 dans le quartier de la gare du Nord. La boutique emménagea à l'adresse actuelle en 1936. Pierre Voisin est la 5e génération à perpétuer la tradition familiale. Il a grandi derrière le comptoir, commençant tout gamin à dégrossir des pipes, un art qu'il a appris directement de son père.

Five generations of master-pipe makers

Émile Ziegler, great-uncle of the great-grand-father of Pierre Voisin, an Austrian pipe worker, founded this shop in the area of the gare du Nord in 1867. The boutique moved to its present address in 1936. Pierre Voisin is the 5th generation to perpetuate the family tradition. He grew up behind the counter and started shaping pipes as a child, an art learned directly from his father.

ARTICLES ET SPÉCIALITÉS / PRODUCTS SOLD

Pipes fabrication maison, sur demande et sur mesure. Pipes de collection en écume de mer, en terre, en porcelaine.

Pipes de marques: Chacom, Butz-Choquin, Compy's, Peterson, Savinelli, Dunhill, Genod, Flacon, Morel

Articles fumeurs: blagues à tabac, briquets, pots à tabac, cendriers, caves à cigares, coupe-cigares, étuis à cigarettes, produits pour pipes. Stylos, coutellerie, étains.

House made pipes, by order and made to measure. Pipes for collectors in seafoam, earth, porcelain.

Brand name pipes: Chacom, Butz-Choquin, Compy's, Peterson, Savinelli, Dunhill, Genod, Flacon, Morel

Articles for smokers: tobacco pouches, lighters, tobacco pots, ashtrays, cigar cellars, cigar cutters, cigarette cases, products forr pipes. Pens, knives, tin.

Un art rustique et raffiné

Le maître-pipier travaille, concentré, avec des gestes précis. Rustique comme le bois dont est faite la pipe qu'il ne quitte pas, il fabrique, sur commande, le modèle de votre choix, du plus classique aux plus élaborés ou fantaisistes, avec un tuyau en écaille ou un fourneau en forme de boule. Il sélectionne ses bruyères à Saint-Claude (Jura), capitale de la pipe, fait sécher les ébauchons, puis les dégrossit, les varlope, les tuyaute, les polit selon la forme, le poids, la couleur et la finition souhaitée par le client.

Un décor intime et authentique

La boutique n'a pas changé. On y hume l'atmosphère provinciale et les senteurs d'épices et de miel caractéristiques du tabac de pipe, bien à l'abri des rumeurs de la ville. On remarque le cartonnier, typique des pipiers, meuble à tiroirs recouverts de maroquin rouge. Derrière une vitre, on aperçoit l'atelier du maître pipier. La vieille enseigne de l'artisan est suspendue au-dessus du comptoir.

A rustic and refined art

The master-piper works, concentrated, with very precise gestures. Rustic like the wood from which the pipe is made, he creates, to order, the pipe of your choice , from classical models to the most elaborate or fanciful, with a tortoiseshell stem or a ball shaped bowl. He selections his heather in Saint-Claude (Jura), capital of the pipe, drys his rough models, then shapes them, planes them, tips them, polishes them according to their shape, the weight, the colour and finish required by the customer.

An intimate and authentic decor

The boutique hasn't changed. You can inhale the provincial atmosphere and the aromas of spices and honey characteristic of pipe tobacco, sheltered from the stresses and strains of life. You can see the "cartonnier", typical of pipe makers, a large chest with drawers covered in red leather. Behind a window, you can catch a glimpse of the master-pipe makers' workshop. The old sign of the artisan is hanging over the counter.

À la Providence, quincaillerie Leclercq

Bronzes pour meubles, serrures, quincaillerie fondée en 1840

Bronze fittings for furniture, locks, hardware founded in 1840

151, rue du Faubourg-Saint-Antoine
01 43 43 06 41
www.alaprovidence.fr
Métro : Ledru-Rollin

La quincaillerie « À la Providence » est un miracle dans ce faubourg de la Bastille où seuls les magasins de meubles rappellent son passé. Les anciens habitants du quartier, ouvriers et artisans, viennent y retrouver leurs souvenirs.

The hardware shop "À la Providence" is a miracle in the faubourg de la Bastille where only the furniture shops remind us of this area's past vocation. The ancient inhabitants of this district, workmen and artisans, come here to relive their memories.

ARTICLES ET SPÉCIALITÉS / PRODUCTS SOLD

7000 modèles de poignées, ornements de portes, rosaces, targettes, charnières, anneaux de clés, clés, serrures, boutons de placards en acier, verre, laiton fondu, fer, cuivre, bronze verni, bronze vieilli.

Tous styles: Louis XIV, Régence, Louis XV, Empire, Restauration, Louis-Philippe, Henri II, Art Déco

Compas, serrures, accessoires de marine.

7,000 models of handles, door ornaments, rosettes, bolts, hinges, key rings, keys, locks, door knobs in steel, glass, brass, iron, copper, varnished bronze, antique bronze.

All styles: Louis XIV, Regency, Louis XV, Empire, Restauration, Louis-Philippe, Henry II, Art Deco

Compasses, locks, nautical accessories.

Mémoire d'une époque

Sur la devanture, les couches de peinture se sont accumulées, mais la vitrine est intacte. Ancienne maison Bezançon, puis Leclercq, successeur de Paul Keul, ces inscriptions sont restées sur la porte vitrée. Une carte postale la montre en 1924. Sur le trottoir, la boutique proposait aux chalands des poêles et de lourdes cuisinières en fonte. Vers 1950, les autres commerces du faubourg lui ressemblaient, prospérant dans ce quartier d'ébénistes et des métiers du bois.

Tout comme autrefois

Nicolas, son propriétaire, en est amoureux. Dans la boutique, il a tout laissé en l'état: la cage vitrée et la caisse, le poêle Godin, l'épais comptoir de chêne sous lequel les garnements venaient narguer le commerçant, l'établi en bois brut avec tous les outils, le mobilier un peu de guingois et des centaines de petits tiroirs en bois. Petit à petit, il restaure le magasin en douceur, révèle le plafond d'origine, décape les vieilles pierres d'une fabuleuse cave voûtée.

Des références pour tous les styles

La maison s'est spécialisée en ferronnerie et serrurerie d'art, couvrant une grande variété de styles, de Louis XIII à 1930. Certaines pièces sont uniques car elles sont fabriquées d'après des modèles de fonderie appartenant à la maison. Particuliers, décorateurs, restaurateurs de meubles... chacun trouve l'article convoité parmi les 7000 références de taquets, targettes, cache-serrures et autres « bijoux » de quincaillier.

Memory of another era

On the shop front the layers of paint have accumulated but the window is intact. Ancient house of Bezançon, then Leclercq, successor of Paul Keul, the inscriptions remain on the glass door. A postcard shows it in 1924. On the pavement, the boutique proposed wood burning stoves and heavy cast iron ovens to shoppers. Around 1950, many other commerces of the area were similar, thriving in the area of cabinetmakers and "wood" professions.

Just like in days gone by

Nicolas, its owner, is in love with it. In the boutique, he has left everything as it was, its glass lift and cash desk, the Godin wood burning stove, the thick oak counter under which the little brats came to tease the shopkeeper, the natural wood workbench with its tools, the furniture is a little lopsided and has hundreds of small drawers. Little by little, he restored the shop, revealed the original ceiling, stripped the old stones in the fabulous arched cellar.

References for all styles

The house specialises in iron work and the art of locksmithery, covering a large variety of styles from Louis XIII to 1930. Certain pieces are unique as they have been crafted from foundry models belonging to the house. Individuals, decorators, furniture restorers... everyone finds exactly what they're looking for among the 7,000 references of cleats, bolts, key hole covers and other hardware "jewels".

151 QUINCAILLERIE "A La Providence" 151
Quincaillerie Leclercq
A La Providence
Tél. : 01 43 43 06 41
LECLERCQ

Boulangerie Bazin

Boulangerie fondée en 1906

Bakery founded in 1906

12e

85 bis, rue de Charenton
01 43 07 75 21
Métro : Ledru-Rollin

Ce matin-là, la boulangerie avait une gaieté particulière. Dès potron-minet, les habitués s'étaient précipités pour acheter leur « bazinette » et féliciter la patronne. La veille, ils l'avaient tous remarquée dans le feuilleton passée à la télévision.

That particular morning the bakery was especially lively. Early risers and regulars all rushed to purchase their "baguette" and congratulate the owner. They had all spotted their bakery the night before on a TV series.

Sous-verres typiques et décor classé

On ne peut la manquer lorsqu'on débouche sur ce carrefour de ruelles étroites. La belle boulangerie est inscrite à l'inventaire des Monuments historiques. Avec un bandeau de marbre frappé de lettres dorées à la feuille, sa devanture est ornée des peintures sous-verre typiques du début du siècle dernier. Signées de H. Luc (rue de la Tournelle), elles représentent des scènes de moisson et de meunerie. En l'an 2000, la boutique a été restaurée dans le respect du style. Jacques Bazin et son épouse l'ont agrandie, mais ils ont conservé à l'intérieur son décor Art Déco.

Typical coasters and a classed decor

You can't miss it when you take the crossroads and follow the small narrow streets. This bakery is registered in the inventory of historic monuments. With a strip of marble struck with gold leaf letters, its charming shop front is decorated with paintings under glass typical of the beginning of the last century. Signed by H. Luc (rue de la Tournelle), they represent scenes from harvest and the flour trade. In the year 2000, the boutique was restored respecting its style. Jacques Bazin and his wife have made it bigger while conserving the very beautiful Art Deco interior.

ARTICLES ET SPÉCIALITÉS / PRODUCTS SOLD

Pains, viennoiseries, pâtisseries.

Spécialités : ficelles, pains bûcheron, « bazinettes » craquantes, grignotes salées (mimolette, fenouil). Paris-Brest, galette aux amandes élue meilleure galette 2010.

Bread, pastries, cakes.

Specialities : "ficelles","bûcheron" loaves, "bazinettes craquantes", savoury bites (mimolette cheese, fennel). Paris-Brest, their almond biscuits were awarded "Best Biscuit of 2010".

Laverdure

Marchand de couleurs, fabricant de colles et de vernis, fondé en 1901

Marchand of colours, fabricant of glue and varnish, founded in 1901

12e

58, rue Traversière
01 43 43 38 85
www.laverdure.fr
Métro : Ledru-Rollin

Dans une ruelle un peu à l'écart du faubourg Saint-Antoine, quartier dévolu depuis le XVe siècle aux métiers du bois, la pittoresque enseigne en fer forgé de Laverdure cligne de l'œil au passant. Professionnels des beaux-arts, ébénistes et doreurs s'y retrouvent.

In a small street not far from the rue du faubourg Saint-Antoine, area assigned to professions related to wood since the 15th century, the picturesque wrought iron sign of Laverdure winks happily at passers-by. Professionals of fine-arts, cabinetmakers and gilders can be found here.

Une fabrique ancestrale

Louis Laverdure, en 1901, installe une fabrique de colles et de vernis au fond d'une cour. L'échoppe donne sur la rue et l'artisan habite au-dessus avec sa famille, consacrant sa vie à élaborer des recettes assurant dès lors sa notoriété auprès des artisans. Certaines sont toujours utilisées. Sa continuité fut assurée par son fils Georges, puis par son petit-fils Michel. Depuis 1996, Anne Zanone-Laverdure, son arrière-petite-fille, a pris la direction de la vieille maison, secondée par son mari, Jean-Philippe.

An ancestral affair

Louis Laverdure installed a glue and varnish factory at the back of a courtyard in 1901. The shop looked out over the street and the artisan lived above with his family, devoting his life to elaborating the recipes, thus assuring his reputation with the artisans. Some are still used today. The succession was assured by his son Georges and then by his grandson, Michel. Since 1996, Anne Zanone-Laverdure, his great-granddaughter, has taken over the running of this old house, assisted by her husband Jean-Philippe.

Ent. VERMEER
Tél. 02. 33. 39. 58. 83
AMBRE VIF
GEL MÉDIUM À PEINDRE
FEMELLE
Solution à 20 %
10 ml
Ambre vif -
Stand oil de lin
Vernis à tableaux et à luthiers
10 GR

ARTICLES ET SPÉCIALITÉS / PRODUCTS SOLD

Produits pour ébénistes, menuisiers, agenceurs, doreurs à la feuille d'or, décorateurs, luthiers, artistes peintres.

Vernis : vernis traditionnels à l'alcool, vernis à la gomme laque, des vernis de haute technologie. Métaux en feuilles : feuilles d'or (plus de 15 coloris), feuilles d'argent, feuilles de cuivre, feuilles de palladium, or alimentaire norme européenne E175. Colles, cires : colle de peau de lapin, colle d'os, colle de nerf, cires, résines.

Gamme de produits à l'eau respectant l'environnement

Matériel et produits divers : toiles, brosserie, éponge, solvants, teintes, encaustique, produits d'entretien.

Products for cabinetmakers, carpenters, gold leaf workers, decorators, lute makers, artists painters.

Varnish : traditional alcohol varnish, laquered rubber varnish, high technology varnishes. Metal leaf : gold leaf (over 15 shades), silver leaf, copper leaf, palladium leaf, edible gold norm European norm E175. Glues: rabbit skin glue, bone glue, nerve glue, waxes, resins.

A range of water-based products which respect the environment

Varied materials and products : canvases, brushes, sponges, solvants, dyes, wax polish, cleaning products.

Patine d'antan

Un rien bohême, la boutique est restée dans son jus : parquet d'origine, lessivé par les ans, murs patinés dont le dernier coup de peinture remonte à 1960, amoncellements de brosses et de grappes d'éponges suspendues. Bureaux et caisses n'ont pas bougé de leur grande cage vitrée. Sur les étagères, des boîtes, des flacons, des bouteilles n'ont aucun secret pour les professionnels en quête de produits spéciaux. Ils viennent de loin se fournir en « matine Laverdure », une gomme-laque à l'usage de la restauration des meubles anciens.

Patinas of another age

Anything but bohemian, the boutique has remained exactly as it was, original parquet faded by the years, walls with a patina finish of which the last coat of paint was in 1960, piles of brushes and bunches of hanging sponges. Desks and cash registers haven't moved from their large gilded cage. On the shelves, boxes, decanters and bottles have no secrets for the professionals looking for special products. They come from far to stock up on "matine Laverdure", a glue-lacquer used in the restoration of ancient furniture.

Recettes de famille

Anne Zanone-Laverdure a reçu de son père un savoir unique inscrit sur des carnets qu'elle conserve dans un coffre. La vogue écologique l'incite à se tourner vers de nouveaux produits à l'eau pour la menuiserie. Quand des produits anciens disparaissent, comme la colle de peau de lapin, les remplacer par de nouveaux produits de qualité relève de la gageure. Parmi ses nombreuses références, la maison Laverdure a fourni des produits de restauration anciens, identiques à ceux qui étaient utilisés à l'époque, pour le château de Versailles ou pour le Louvre.

Family recipes

Anne Zanone-Laverdure received a unique training from her father written in note books which she keeps in a safe. The ecological trend incites people to turn to new water-based products for woodwork. When the ancient products like rabbit skin glue disappeared they were replaced by new quality products which have taken up the challenge. Among these numerous references, the Laverdure house provides ancient products of restoration, identical to those which were used in days gone by for the Chateau of Versailles or the Louvre.

Servant

Artisan chocolatier, confiserie fondée en 1913

Artisan chocolate maker, confectionery founded in 1913

16e

30, rue d'Auteuil
01 42 88 49 82
www.chocolaterie-servant.com
Métro : Michel-Ange-Auteuil

Ce havre de douceurs et de couleurs est un lieu de rendez-vous des familles du quartier et de tous les gourmands. Sur le trottoir, d'énormes bocaux sont alignés, pleins de bonbons multicolores, une vraie tentation !

This haven of pleasures and colours is a meeting place of neighbourhood families and people with a sweet tooth from all over. On the pavement enormous jars are lined up filled with multicoloured sweets, a real temptation !

Une histoire de goût

Derrière le nom du fondateur, « Servant », se perpétue une tradition artisanale et une histoire de goût. En 1973, la maison fut reprise par les époux Mérienne. Maurice, chocolatier, confectionnait des chocolats aux saveurs délicates. Sa dynamique épouse, Marguerite, fit rapidement du lieu une institution et confia ses secrets à sa fille Dominique Autret. En 1999, celle-ci a donné une nouvelle impulsion à la maison. Elle est assistée de son fils, Sébastien, un professionnel passionné de nouvelles recettes.

A story of taste

Behind the name of the founder, "Servant", perpetuates an artisanal tradition and story of taste. In 1973, the house was taken over by a couple called Mérienne. Maurice, chocolate maker, prepared delicately flavoured chocolates. His dynamic wife, Marguerite, rapidly turned the place into an institution and entrusted her secrets to her daughter Dominique Autret. In 1999, she gave a boost to the family house. She is assisted by her son, Sébastien, a professional passionate about new recipes.

Une visite gourmande

La coquette confiserie est restée dans le décor d'origine, éclairée des mille feux d'un lustre de Baccarat. Autour de la belle caisse en bois, les étagères croulent sous les bocaux de confiseries traditionnelles : jolis bonbons au coquelicot, à la violette, à la bergamote, pétales de rose, frous-frous, toutes sucreries garanties naturelles et fraîches. Sous la direction du chef chocolatier, Philippe Meunier, les chocolats sont confectionnés dans le plus grand art avec des fèves sélectionnées. Au sous-sol de la boutique, l'atelier se visite et propose des séances de découverte.

A sweet visit

This well turned out sweet shop has retained its original decor, lit by a thousand gleams from the Baccarat chandelier. Around the beautiful wooden counter, the shelves buckle under the weight of the traditional sweets in jars, flavoured sweets, poppy, violet, bergamot, rose petals, all guaranteed natural and fresh. Under the direction of chocolate chef, Philippe Meunier, the chocolates are prepared in the finest art with carefully selected cocoa-beans. In the shop basement, the workshop can be visited and proposes discovery sessions.

Des chocolats maison aux recettes novatrices
The house chocolates with new recipes
Fantaisie et gaieté animent le décor d'origine
The original decor is livened up by fantasy and gaiety

ARTICLES ET SPÉCIALITÉS / PRODUCTS SOLD

Plus de 40 bonbons traditionnels : Négus de Nevers (le plus vieux caramel français), calissons d'Aix, sucre d'orge de pomme, pralines roses, dragées d'antan, Anis de Flavigny, nougats de Montélimar. En exclusivité : la « Servantine », délicieux bonbon feuilleté praliné.

Chocolats maison (ganache infusée au zeste de gingembre, ganache fève de Tonkin cannelle cardomone, etc.), marrons glacés.

Cafés, thés, confitures artisanales.

More than 40 types of traditional sweets : Négus by Nevers (the oldest of the French caramels), calissons from Aix, apple flavoured rock, pink pralines, old fashioned sugared almonds, Anis de Flavigny, nougats from Montélimar. House exclusivities : "Servantine", a delicious layered praline sweet.

House chocolates (ganache infused with ginger rind, ganache made with Tonkin beans, cinnamon, cardamom flavours, etc.), glazed chestnuts.

Coffees, teas, artisanal jams.

Calissons d'Aix

Pétrissans

Caves fondées en 1895

Cellar founded in 1895

17e

30 bis, avenue Niel
01 42 27 52 03
Métro : Péreire

Cette adresse de fins connaisseurs se découvre dans un coin tranquille, en bordure du XVIIe et du quartier de l'Étoile. Les caves font aussi bar à vins et restaurant. Acteurs, journalistes, pdg ou simples quidams y dégustent une savoureuse cuisine traditionnelle.

This address of fine connoisseurs can be found in a quiet spot bordering the 7th arrondissement and the Étoile area. This cellar is also a wine bar and restaurant. Actors, journalists and businessmen come here to savour the delicious traditional cuisine. All are welcome.

CAVES PETRISSANS
ETRISSANS
ELANIE QUENTIN
sculptures
EN PERMANENCE
GRANDE RUE - 77630 BARBIZON
REQUIEM
Tél : 01 58 60 16 82
VISA

Le vin, une histoire d'amour

Dans cette entreprise familiale, le vin est une histoire d'amour. Elle se perpétue depuis Martin Pétrissans. Ce Béarnais d'Oloron-Sainte-Marie ouvrit là une échoppe en 1895. Son fils, Louis, redécora la boutique en 1930. Passionné, expert en vins et en commerce, il assit la réputation des caves Pétrissans, développant le côté bar à vins et aménageant la superbe salle de restaurant. On lui doit l'invention du colis-cadeau pour les entreprises. À sa disparition, sa fille Françoise reprit seule l'affaire avant de la confier à sa fille et à son gendre, Marie-Christine et Jean-Marie Allemoz dont le fils, Jean-Charles, s'apprête à prendre la relève.

Wine, a love story

In this family business, the wine, is a love story which continues since Martin Pétrissans, an inhabitant of Oloron-Sainte-Marie, opened a shop here in 1895. His son, Louis, redecorated the boutique in 1930. Passionate, as much an expert in wines as in commerce, he is responsible for the reputation of the Pétrissans cellar, developing the wine bar side and setting up a superb restaurant. It is to him we owe the invention of gift-parcels for companies. After his death, his daughter Françoise took on the business single handedly before handing over to her daughter and son-in-law, Marie-Christine and Jean-Marie Allemoz and now their son, Jean-Charles, is preparing to take it on in his turn.

AU CATALOGUE / PRODUCTS SOLD

900 références, 6 000 bouteilles de vins et alcools à tous les prix, la plus ancienne bouteille étant un Cognac de 1834.

900 references, 6, 000 bottles of wine and alcohol at all prices, their oldest bottle being a Cognac 1834.

Un bel écrin pour des vins prestigieux
A beautiful showcase for prestigious wines
Le splendide bar à vins a inspiré l'auteur Tristan Bernard
The splendid wine bar inspired the author Tristan Bernard

Un écrin précieux

La boutique a conservé, comme le reste de la maison, son décor 1930. Admirez le beau comptoir d'époque portant une corbeille de raisins sculptée. Remarquez la collection des propriétaires constituée de très anciennes bouteilles de liqueurs, d'apéritifs et d'alcools. Côté restaurant: vastes banquettes, miroirs au mur, boiseries et carrelage mosaïque d'origine. Le splendide bar, patiné par les coudes des convives, est séparé de la salle par un panneau incrusté de culots de bouteille colorés. Sur les murs du fond, on peut voir des photos anciennes de la famille Pétrissans.

Crus bourgeois et références prestigieuses

La famille Allemoz aime partager ses impressions autour d'un verre avec ses clients et leur transmettre sa passion pour les vins français. Un vrai moment de plaisir pour œnologues avertis ou néophytes. Ici, de grands vins de Bordeaux et de Bourgogne voisinent avec des crus bourgeois et des vins de terroir.

A precious showcase

The boutique has retained, like the rest of the house, its 1930s decor. You can admire the beautiful period counter bearing a bowl of sculpted grapes. Remark the owner's collection made up of very old bottles of liqueurs, aperitifs and alcohols. On the restaurant side, vast benches, mirrors on the walls, wood panels and the original mosaic tiles. The splendid bar, with its sheen left by the elbows of the guests, is separated from the restaurant by a panel incrusted with coloured glass bottle bottoms. On the walls at the back, you can see the ancient photos of the Pétrissans family.

Bourgeois vintages and prestigious references

The Allemoz family like to share their impressions over a drink with their customers and share a little of their passion for French wines. A real moment of pleasure for informed or novice œnologues. Here, the grand wines of Bordeaux and Burgundy share their space with bourgeois vintages and quality regional wines.

Index par métier / Index by trade

Direction d'édition : Thierry Lamarre
Coordination : Adeline Lobut
Réalisation et textes : Sybil Canac
Photographies : Bruno Cabanis
Correction-révision : Isabelle Misery
Traduction : Jill Bird
Conception graphique et mise en pages : Either studio
Couverture : Nicolas Valoteau

Éditions Massin
Publiées par Société d'Information et de Créations - SIC
Une société de Marie Claire Album
10, bd des Frères-Voisin 92792 Issy-Les-Moulineaux CEDEX 9 - France
Tél. 01 41 46 88 88
R.C.S. Nanterre 302 114 509
S.A.R.L. au capital de 3.822.000 euros

ISBN : 978-2-7072-0658-9
N° Éditeur : 38369
Imprimé par Toppan Leefung (Chine)
Dépôt légal : octobre 2010

www.massin.fr